「3人で5人分」の
成果を上げる仕事術

小室淑恵

JN242527

日経ビジネス人文庫

はじめに

「この仕事は今まで5人でやっていたが、少なくとも3人が把握していれば、まわしていけるだろう」

それはバブル崩壊後の経済の落ち込みから、利益を確保するために企業が「緊急避難措置」として行ったはずでした。

かつて、人が潤沢に配属されていた時代には、Aという仕事に5人、Bという仕事に3人、Cという仕事に4人、というように人が配置されていました。

それが不景気になり、その状態を維持できなくなってしまいました。「Aの仕事は2人でまわしていけるだろう」とマイナス3人になり、Bという仕事は1人でいけるからマイナス2人、Cも同じくマイナス3人……と、担当が半減したり、1人担当になったりした職場が大量発生したのです。

そして担当として残った人たちは、「この難局を乗り切れば、元どおりの職場に戻る」と考えてA、B、C、それぞれの持ち場で踏ん張りました。

ところが、彼らの踏ん張りに味をしめた企業が、業績が持ち直して人を採用できるゆとりが出てきたにもかかわらず、「緊急避難措置」を解除しないまま現在に至っている。残された人たちの踏ん張り、つまり残業が常態化し、個人の生活にまでさまざまな悪影響を及ぼし始めている――。これが「5人分の仕事を3人」で無理矢理まわしている職場の現実です。

この本では、こうした欠員補充ゼロ時代に、ただ嘆いて時代が戻るのを待つだけではなく、チームと個人が身を守るにはどうしたらいいかを前向きに考え、行動に移せるための具体的なノウハウを提案しようと考えました。経営者の論理で「人員を補充しないで生産性を上げ、浮いた時間にまた仕事を上乗せする方法」を提唱する、人件費削減のための本ではないことを、まず明確にしておきたいと思います。

では「欠員補充ゼロ職場」をもう少し詳しく見ていきましょう。

人が減っていくなかで、職場では必然的に「仕事の効率化」が図られました。しかし効率化といっても限度があります。2人分の仕事を1人がこなすのに、効率化でカバーできたのはせいぜい0・5人分くらいでしょう。残りの0・5人分の仕事は、じつは担当者の残業でまかなわれていたのです。

効率化の努力をしたうえに、残業が上乗せされた状態が、一体いつまで続くのかと、「先の見えない徒労感」が多くの働く人にのしかかっているのです。

しかし2010年の4月から月間60時間以上の残業をすると、これまで1・25倍でよかった残業代の割増率が1・5倍になるという法律の改正が行われました。現在は中小企業は対象外ですが、数年内に中小企業もすべて対象になります。残業のコストを考えると、しっかり人を配置したほうが利益は上がるのです。そして残業を減らした分、個人が仕事以外の体験ができる時間を確保し、情報やスキルをインプットすれば、付加価値が高い仕事ができるので生産性も上がることになるのです。

環境は個人に追い風が吹いています。ただそんな環境を生かすも殺すも自分次第。わが身は仕事に忙殺されたまま「人数を元に戻してほしい」と訴えるだけでは現状は変わりませんし、ましてや「先に人数を戻してもらうのが筋だ」と思考停止して、自分たちでできる生産性改善や、発想の転換を図らないのは、追い風があるだけにもったいないのです。経営サイドも耳を傾けたくなるだけの生産性の高いチームになって、実績を示しながら説得力のある主張をしていきましょう。

かつてに比べて、ITを使って効率化できるものは増えています。たとえば、クラウドコンピューティングなどによって大量のデータのやりとりがスムーズにできるようになり、議事録作成やデータ集計などのアウトソーシングは容易にできるようになりました。

ところが欠員補充ゼロ時代を支えてきた職場やチームの中には、「今を支えなければ」という気持ちが強すぎて、新しい情報や技術のインプットも少なく、人脈も狭い、既存の業務はこなせても、プラスアルファの企画やアイデアを出せない、ますます既存の業務にこだわり、残業が減らないから個人の生活も充実感が薄い、という悪いスパイラルに落ち込んでしまっていて、非常にもったいない状態にある場合も多いのです。既存業務は発想を変えることで、ＩＴなどを使い、カバーできないかを考えてみましょう。

この本ではチームで仕事をうまくまわすための発想法、時間の使い方、ＩＴ活用のアイデアを提案していきます。

私たちの会社がコンサルティングに入ったある建設系の企業は、かつてずっと残業時間が増え続けていながら、売り上げも利益も落ち込んでいました。８カ月間のコンサルティングを３ターム行った結果、当初６億円だった利益が40億円まで伸び、残業時間は年々減少しています。

何よりも変化したのは、顧客からの評価です。

「かつては、どんな深夜に電話しても会社にいて、こちらの無理な要求をどこまでものんでくれる会社だった。でも今は、定時を過ぎたら電話は留守電に切り替わってつながらない。それで仕事の質が落ちたかというと全く逆だ。

かつては納期ギリギリまでにお互いが泥沼であがくように苦しい仕事をして、

最後は間に合わせるために多少、質を犠牲にしないといけないような場面もあったが、今はむしろ厳しく期日管理をしてくれるので、こちらにも前倒しで仕事をしていく癖がついた。納期まで仕事の高い質を維持して計画的に進められるようになり、感謝している。だから今では、質と技術力を要する、つまり利益率の高い案件は、この会社に頼むようにしている」というのです。

また、仕事の進め方を大幅に見直したことで、学ぶ時間を確保できるようになった社員が増えました。建設分野の仕事は資格を持っている人がいないと入札できない案件が多いので、学ぶ時間が持てないから資格が取れない、そして入札の件数が増やせないという負のスパイラルに陥っていたものが、まさに好循環に切り替わったのです。

ＩＴ系のある企業では、全員で協力して削減した労働時間により、浮いた残業代を社員に全額還元するという手法を取りました。しかも、前年比で20％以上労働時間を削減して、有給１００％消化できたチームには厚く還元するなど、生産性向上に報いるという斬新なルール作りをしたことで、全従業員のモチベーションと生活の質の向上にもつながりました。

ある人材派遣会社では、8カ月のコンサルティングを終えた最終報告会の日、2人の子を持つ女性社員がステージに立って発表しました。

「自分は今まで、子どものお迎えがあるから他の社員のように長時間労働できないことをずっと申し訳なく思ってきて、肩身の狭い思いでオフィスを後にする毎日でした。

でも、今回この取り組みで他の社員も仕事のやり方を見直して、今まで22時、23時まで働いていた男性社員もみんな19時ごろまでにはオフィスを出るようになって、驚くほど自分のやる気が戻ってきました。決められた時間内でどれだけの成果を出すかという勝負ならば私だって負けてないはず、と挑んだ結果がまさかのトップで予算達成となり、お祝いに家族でハワイ旅行に行くこともできました。

何より、こうした働き方を後輩の女性たちが見習いたいと言ってくれるようになったことも、本当にうれしいことでした。時間に制約がある私が立派にチームに貢献できているならば、自分たちだってまだまだ成長してみせると意欲に燃えています」。

この発表を聞いて、私は思わず涙しました。

今、働き方をめぐる状況は確実に変化してきています。もちろん、まだまだ働き方がひどい状態にある職場も多いとは思いますが、「会社は私に甘える一方で人員配置してくれない」という気持ちはいったん置いておいて、この人数でもっと生産性を上げられるようにしよう、と前向きに考えていきませんか？　もう1回「前に進んでいくチーム」を目指そうと、発想を切り替えるだけでよいスパイラルが回り始めます。

そしてチームをまとめる上司の方たちは、まず、現場を支えている一人ひとりの努力を十分に認めてあげてください。今までずっと3人で5人分の仕事をまわしてきた中堅社員の苦労をねぎらってあげてほしいのです。そのうえで前例にとらわれない効率化を進めていきましょう。

チームがいったん動き出せば、必ず、働きがいのある職場、充実したチームが取り戻せるはずです。

そして、本書を手に取った20代、30代の読者のみなさんは、「自分たちが働き方を変えようと思っても、周りがわかってくれない。働きがいのない職場だ」と感じてきたかもしれません。その、チーム全体を覆っていた「心理」がどういうものだったのかを理解して、発信してみてください。そうすれば「個人の勝手な行動」ととらえられていた時間を効率的に使うあなたのアイデアは、チーム全体への「貢献」ととらえられるように変えていくことができます。

チームに貢献できる人には「仕事を任せたい」と誰でも思うもの。あなた自身を成長させてくれる職場は、あなた自身が作り出すことができるのです。

第4章ではサイバーエージェントで人事本部長を務める曽山哲人さんとの対談が実現しました。社員の育成にこだわる同社では、チームが活性化するアイデアや個人が成長し続けられるさまざまなしくみを用意しています。「チームがうまく機能すれば業績が上向きになる」という点で大きな共感を得ることができました。

人事に携わる方だけでなく、チーム全体の力を高めたいと考える人にも、ぜひ読んでいただきたいと思います。

最後に、この本がみなさんの働き方を見つめ直すきっかけとなり、ベテランも中堅も、若い人も、子育てをする人も、介護をする人もみんなが力を活かせ、総力戦で勝ち抜く前向きな職場やチームが生まれるスタートになれば幸いです。

2010年11月吉日

株式会社ワーク・ライフバランス代表取締役社長

小室 淑恵

もくじ

第2章 個人とチームで成果を上げる仕事術

第3章

働き方は変えられる ■129

本文デザイン　野田明果

第1章

人手不足をチャンスに変える働き方

idea 1

人手は減り、仕事は増え続ける時代

上司を含め、5人の職場がありました。経費削減で、まずは派遣社員の女性が派遣延長を解除されました。その分の仕事が残りの4人に降りかかることになったのですが、そうこうするうちに、課の社員の1人が「メンタル不調」で長期休暇をとることになりました。5人でまわしていた仕事を3人でやるようになった職場は、残業、残業、残業の毎日。朝から晩まで、息つく暇もなく仕事をこなしても、やることは山積みになったまま……。

今、日本にはこんな職場が増えています。消費低迷、デフレが続き、会社の売上げが上がっていかないこのご時世、会社側も欠員の補充などを検討する余裕もお金もありません。むしろ、長引く不況を乗り越えるために、今いる社員を削減するだけでなく、新規採用すら凍結しているのです。人が抜けたり欠けたりする理由が何であれ、その欠員が補充される可能性は、よほどのことがない限りゼロに近いといっても過言ではないでしょう。

そうすると何が起きるでしょうか。

「慢性的な人手不足」のなかで働く現場の人間は、疲労困憊。「人は増えないのに、仕事ばかり増えていく。このままでは自分も倒れてしまうのでは……」という不安感から仕事の押し付け合いが始まり、社員のモチベーションは下がる一方です。

職場で欠員が出る要因は、リストラやメンタル不調だけではありません。

夫婦共働き家庭の割合が専業主婦の家庭を超えている現在、出産・育児休業をとる女性も増えています。こうした休業者には育児休業給付金や育児休業者職場復帰給付金などの社会的な後押しもあります。

そして、なんといってもこれから問題になるのが、介護休業です。大量の定年退職者となって2007年問題と騒がれた団塊世代が、これから続々と要介護者になる可能性が高いという現実です。

この団塊世代を介護することになるのは、現在の企業の中心的な働き手でもある団塊ジュニア世代です。

この世代の男性は、一人っ子、未婚者の比率が高く、既婚でも共働きが多いため、自分の親の介護をきょうだいやパートナーに期待することができず、仕事を続けながら自分自身で介護する、という厳しい状況に直面するケースが増えるでしょう。これを「もうひとつの2007年問題」と私は呼んでいます。いずれにしても、親の介護を理由に休業・離職する男性が今後急増することは火を見るよりも明らかといえます。

さらに、少子高齢化にともなう労働力人口の減少、つまり絶対的な働き手数の不足も当然、問題になってくるでしょう。

この結果、「慢性的な人手不足」「欠員が補充されない」職場は、日常的な風景となっていくことが予想されます。

多くの企業は、欠員を補充するどころではなく、現状の人員を確保することさえも大変な状況に陥ってしまうのです。増えた仕事には人の補充で対処する、という方法は、もはや選択肢にはないのです。

豊かな時代の働き方

ものが不足していた時代は、作れば作るだけ売れました。

しかし物質的に豊かになった今、ものを売るためには、お客様に購入したいと思わせる（お金を出してもいいと思う）価値を提示していかなくてはなりません。単純に長時間働いてたくさん作ればいい、という時代ではないのです。

ものや情報があふれ、飽和している豊かな時代を経験している消費者のニーズはさまざまです。こうしたニーズの多様化に応えていくには、「生活者の視点」を磨く必要があります。「生活者の視点」を磨くためには、自分自身の生活の充実が欠かせません。そのためには、今までの目の前の膨大な仕事を順番に片付けていくような働き方を、ゼロベースで考え直す必要性が生じます。

「働き方を見直せと言われても、人が足りなくてそんなことを考えるゆとりもない」と思う方も多いかもしれません。しかし、欠員が補充されない慢性的な人手不足の時代だからこそ「働き方を見直す」ことは避けて通れないのです。

欠員補充がない、という状況を、働き方を見直す絶好の機会と捉え、組織のモチベーションを高め、生産性を改善させる方向で考えるしかありません。

連日の残業が当たり前になってしまっている疲弊した職場を、どうしたら活力のある職場に変えていくことができるのか。そのひとつの答えが、「ワーク・ライフバランス」という視点を取り入れることだと、私は考えています。

次節から「欠員補充ゼロ」時代を乗り切るための働き方を具体的に考えていくことにしましょう。

idea 2

「人手不足を残業でカバーする」発想をやめる

給料を下げるとどうなるか

経営者の多くは、たとえ欠員があっても新規に人を採用することはできない。いやむしろ、今いる人さえもまだ減らしたいくらいだと思っている人も多いことでしょう。

売上げが上がっていく兆しが見えないとき、リストラや給与カットといった人件費の抑制しか思い浮かばない経営者も少なくありません。

しかし、これは社員のモチベーションを削ぐだけです。人数が少なくなったうえに残った社員のモチベーションを低下させるのは百害あって一利なしです。

たとえば、ある企業では、全社員の給与を5%カットしました。するとまず、社員は収入を減らしたくないと生活残業を増やし、かえってカットした分よりも多く人件費がかさんだという例もあります。しかもその後、モチベーションの下がった職場に嫌気がさし、危機感を感じた優秀な人材から順にどんどん転職してしまい、残った職場のモチベーションやスキルレベルはさらに低下し、売上げはジェットコースターのように急下降するという、負のスパイラルが加速した企業もあります。

給料を下げると、集まる（残る）人材の質も低下しますし、士気も下がりますので、売上げにも直接はねかえってきます。企業にとっても職場の人間にとっても何もいいことはありません。

業績さえ上向けば、採用費をかけて優秀な人材を採って、会社の規模を大きくしていけるといまだに思っている企業（経営者）もいます。しかし、少子高齢化で労働力人口自体が縮小しているなかで、多額の採用費をかけても質の高い人材を採ることは至難の業となりつつあります。

しかも、グローバルな視点に立てば、日本の人件費はかなり高水準です。

時間当たりの生産性で評価

一方で、不景気を契機に、仕事の効率化を図って、「不況にも耐えられるような筋肉質の会社にしたい」「こうした時代だからこそ、体質改善のチャンス」と考える優秀な経営者も現れています。

こうした経営者は、今まで採用はしていたものの、うまく活用できていなかった女性の登用・抜擢を真剣に考え始め、**全社員の1人当たりの仕事の質を高める**方向にシフトしてきています。また、長時間労働＝成果と捉える考え方を改め、働き方の見直しにも着手しています。私たちがコンサルティングに携わったある企業では、残業時間を3割減らしても売上げが前年より上がったメーカーや、3

年間残業を減少させつづけながら、当初6億円だった利益を40億円まで伸ばした建設業もあります。

これからは介護休業やメンタル不調などで、長時間労働、つまり残業ができない社員も増えてくることが予想されます。そうした人にとって、従来の「働いた時間でやる気を測る」ような評価では、モチベーションは維持できませんし、持てるスキルを発揮することなく退職してしまう可能性も否定できません。時間の制約があってもその人に能力を発揮してもらったほうが、丸々1人欠員が出るよりも何倍もいいはずです。

これからは、残業や休日出勤などといった「時間」でカバーするのではなく、**一定の時間内で成果を上げる組織**に生まれ変わらなければならない時期にさしかかっているのです。

一定の時間内で成果を上げるということは、職場全員が同じ土俵で勝負することになります。今まで残業を重ねて成果の上積みを図っていたような社員も、これからは「一定の時間」という枠の中で、**時間当たりの生産性**で評価されていくことになります。

付加価値をつけないとものが売れない時代、そこで働く人たちも自分の付加価値を高めていくことが求められているのです。そのために必要なのは、仕事以外の場における自身の体験、情報、スキル、人脈です。会社に夜遅くまでいては、世の中のニーズを知ることもできないし、自己研鑽することさえできません。

残業をしないで成果を上げる職場が生まれれば、会社側も残業にかけていたコストを人材の採用・登用ということに振り替えることができます。これこそが、「定時に帰る」組織でありながら、好成績を残す働き方なのです。

idea 3

優先順位を明確にする「朝メール」「夜メール」

欠員者の仕事のフォローをするとなると、どうしても時間でカバーしようという方向に目が向きがちです。実際に欠員が生じた職場では、いなくなった人の仕事を残った人間に振り分けて、今の仕事に上乗せしているようなところがほとんどではないでしょうか？　いわゆる「穴埋め」的な対応です。

そうした仕事の配分をしていますと「ただでさえ、自分の仕事で手一杯なのに、どうして欠員の人の分まで仕事をしないといけないの？」と、職場のモチベーションは下がる一方となります。

そうなると仕事の効率もますます下がりますので、ひとつの仕事にかける時間効率も悪化するのは当然の成り行きでしょう。その結果、毎日、残業の嵐となり、職場全体の雰囲気は最悪に……ということにもなりかねません。精神的に疲れた状態で仕事を続けていると、いつもならしないようなミスも増えるのです。

欠員と一口にいっても、育児休業などの一時的なものと、リストラなどの永続的なものに大きく分けられます。いずれにしても、欠員が補充されないことを嘆いてばかりでは、仕事の生産性も上がらないだけでなく、「あの人が休むから」とか「なんでこんなときに辞めるんだ」という、不満が募っていき、マタニティーハラスメントの要因にもなります。

「人を減らされたから、残業が増える（残業しても仕方がない）」というロジックは、一見正しいように思われますが、じつはそうではないのです。残業になってしまうのは、単に仕事の量が多いからではなく、やり方にも問題があるからです。欠員が出たら、欠員者の仕事も含めて職場全体の業務の見直しができないか、まずは考えてみることが大切です。前節にも書いたとおり、欠員はむしろ、働き方を見直して「残業をなくすチャンス」なのです。

人が足りないから残業は当たり前、と考えていては何も変わらないどころか、今より状況は悪くなるばかりです。今いる人間でどうしたら仕事がまわせるのかを考えましょう。

そのためのひとつの方法として、まず**「仕事に時間を割り当てる」のではなく、「時間に仕事を割り当てる」**ことを提案します。

たとえば、通常は、Aという仕事が終わったらBという仕事をやってといったように、仕事を順番にやり終えていくスケジュールを立てると思います。

このやり方で問題になるのが、何かの突発的なトラブルなどで予定どおりにスケジュールが進行しなかった場合、「仕事が終わるまでがんばろう」と考えてしまうことです。こうなると、結局終わるまで仕事をする→残業という図式が出来上がってきてしまうのです。

これを「10時から11時でAという仕事を終える」といったように、先にかける時間を意識したスケジュールを組むことにするのです。そうすると、「なんとか予定した時間内に仕事を終わらせるには、どんな方法があるか」と考えます。この例でいえば、**1時間の中でAという仕事を終わらせなければならないなら、どういうやり方がいいのか、もう一度自分に問いかけ、新たな工夫をするようにもなるでしょう。**その結果、時間内の処理能力が高まります。時間を意識すれば、終わるまで何時間かかってもやる、という安易な今までの時間管理意識が変わってくるはずです。

残業を増やさずに終えられる仕事量を増やすには、時間に仕事を割り当てることを考えてみましょう。

優先順位の高い仕事に時間をかける

職場に余剰人員がいた時代の仕事のやり方は、ひとつでも多く片付けることがよしとされました。極端にいえば質より量。その仕事のやり方に慣れ親しんでしまった人は、仕事に優先順位をつけたり、場合によっては仕事を捨てるという考え方に抵抗を覚えることもあるでしょう。

しかし、人員に余裕もなく、付加価値で勝負しなければならない時代には、優先順位の高い仕事になるべく時間を割いて、どれがかならず自分でやるべき仕事で、どれがアウトソーシングしていい仕事なのか、といった目利きが重要になってくるのです。

今回は、仕事の優先順位を明確にするために有効なツールをひとつご紹介します。

私が「朝メール」「夜（報告）メール」と呼んでいるものです。仕事の優先順

優先順位を明確にする「朝メール」

送信　朝メールサンプル・朝

宛先：　第3営業部 ML

CC　：

件名：　[本日の予定] WLB太郎_20150113

第3営業部各位
〈本日の予定〉
9:00-9:30　業務チェック、メール
9:30-10:00　部内会議
10:00-10:30　移動
10:30-11:30　A社@渋谷（定期フォロー訪問）
11:30-12:15　移動（渋谷→初台）
12:15-13:00　昼食
13:00-13:20　D社向け資料下案作成
13:30-15:15　B社@初台（定期フォロー訪問）
15:15-15:30　移動（初台→新宿）
15:30-16:30　C社@新宿（新規営業）w/ 課長
16:30-17:00　移動（新宿→オフィス）
17:00-17:30　D社向け提案資料作成
17:30-18:00　メールチェック

〈本日の優先順位〉
1）B社への定期フォローは先方の部長へ提案プレゼン。資料は既に準備し事前準備は万端ですが、緊張します。気合い入れてがんばります！
2）D社向け資料は競合のM社とのコンペ資料です。コンペは来週の木曜日ですが、課長から早めに資料を確認したいと言われているので明日叩き台を提案してご意見を伺いたいと思います。

部内でメーリングリストや共通メールアドレスを持つと情報共有に便利。

業務とそれにかける時間はセットで考える。

スケジュールは15分刻みで考える。

スケジュールを組んでみると時間が足りないことが発覚。移動時間や空き時間を効果的に利用して事前に準備をしておこう。

優先順位が上司の考えと違うということもしばしば。事前に確認しておけば、急な残業を減らすことができる。

位づけ以外にもさまざまな効果があるので改めて項を設けて説明しますが、これらを使い始めると、業務の時間の見積もりができ、漫然と取り組んだのでは決して終わらないことがはっきりします。それにより何から先に取り組むべきかがおもしろいほどわかってくるようになります。

朝メールは、①15分刻みで仕事の予定を立てる ②業務とそれにかかる時間をセットで考える ③残業なし、定時で終わるように予定を立てる ④それぞれの業務に優先順位をつける――という4つのシンプルなルールで成り立っています。これをマネジャーと同じチームのメンバーに朝晩送るのです。それによって、自分の仕事の優先順位だけでなく、部署全体で優先すべき仕事がわかります。

「朝メール」を書くだけでも、自分が今抱えている仕事がひと目でわかり、また業務とそれにかける時間をセットに考えることで、時間に対する意識が高まります。就業時間内（定時）に終わらせるという意識が高まれば、おのずと優先度の高い仕事から手を着けざるをえなくなります。

時間感覚がおもしろいほど身につく
「夜（報告）メール」

送信 夜（報告）メールサンプル・業務後

宛先：第3営業部 ML

CC ：

件名：[本日の報告] WLB太郎_20150113

第3営業部各位

〈本日の予定〉 予定どおり終了したもの→＊

9:00-9:30　業務チェック、メール ＊

9:30-10:00　部内会議 ＊

⋮

13:30-15:15　B社@初台（定期フォロー訪問）＊

15:15-15:30　移動（初台→新宿）＊

15:30-16:30　C社@新宿（新規営業）w/課長 ＊

16:30-17:00　移動（新宿→オフィス）＊

17:00-17:45　D社向け提案資料作成→15分延長

17:45-18:00　メールチェック→15分短縮

〈報告〉

B社への提案ですが、先方がとても喜んでくれました！

新プロジェクトいよいよ始動します。

C社の訪問時は課長の発言に先方が感激していました。

同行させていただいてとても勉強になりました。

17時あたりから集中力が途切れ、予定がずれ込みました。メンターになっている鈴木くんから

クライアントへの資料作成方法の相談を受けました。

プレゼン資料の作り方のアドバイスを明日行います。

〈明日のタスク〉

1）アポイント2件

2）D社向け資料課長に確認→修正案作成

3）E社向け資料作成→仮完成

4）後輩の鈴木君指導

見込み時間と実際にかかった時間の差を知ることで正確な時間の感覚を身につけられる。

報告は反省点だけでなくよいことも報告しよう。

教えてくれた人へのフィードバックも大切！

小室淑恵のWLB塾

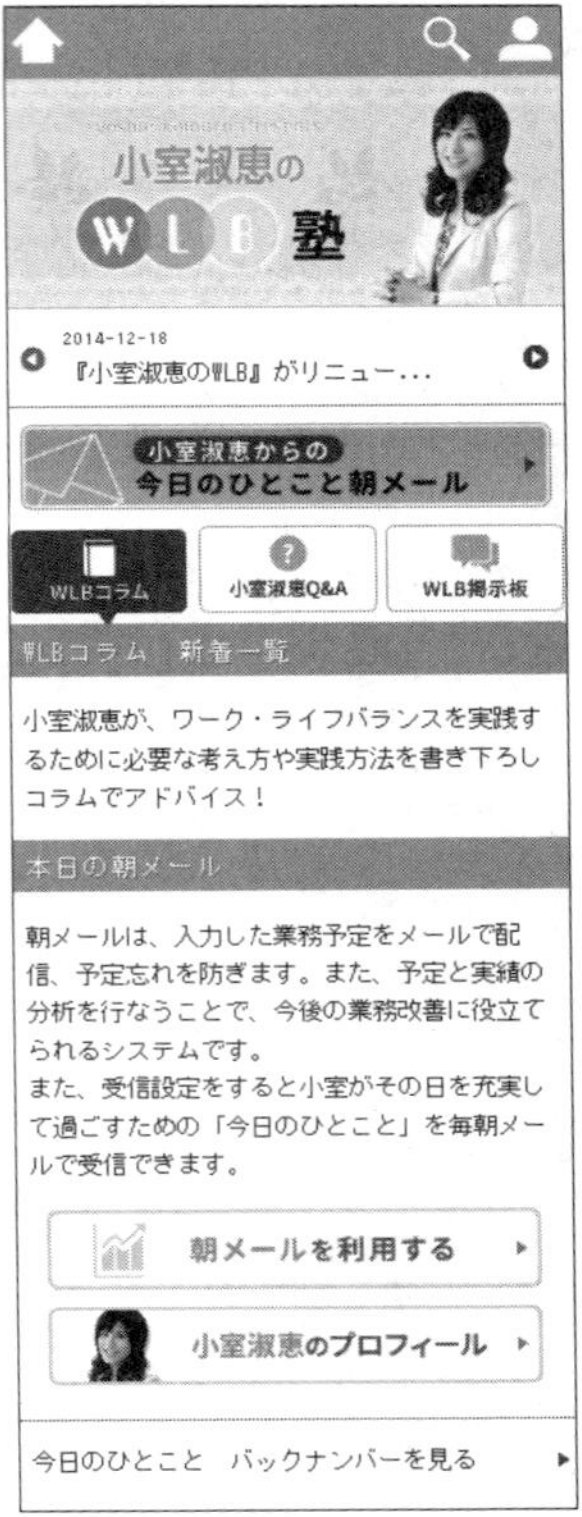

URL: http://www.work-life-b.com/hatachen.html

一方、「夜（報告）メール」は、実際にかかった仕事の時間を記入することで、見積もりとの差異を確認し、その原因を自ら考えるクセが身につきます。これによって、時間感覚が養われるとともに、自分の仕事への認識の甘さやスキルの未熟さなども浮き彫りにされてくることでしょう。

自分の朝・夜メールを分析してみたいというかたは、モバイルサイト「小室淑恵のWLB塾」で、試しに朝・夜メールを書いてみてください（http://www.work-life-b.com/hatachen.html）。携帯・スマートフォンどちらからでも使えます。

どんな業務に何％の時間を割いているのか、予定と実績が一番ずれる原因は何か、などがグラフでわかります。会員からの質問を受け付けたり、便利なツールを紹介したりしていますので、ぜひアクセスしてみてください。

「働き方の見直し」の第一歩は、時間管理、時間の処理能力をスキルアップすることなのです。

idea 4

脳がフル稼働するのは起きてから13時間以内

働き方の見直しの第一歩は、時間の処理能力のスキルアップにあることは前述しました。しかし、「そうはいっても、定時の間は電話応対や雑用に追われて集中して仕事ができない。職場の人間が少なくなる残業時間のほうが静かで仕事がはかどるよ」と考えている人が、まだまだ少なくないようです。

残業中のほうがはかどるって本当？

しかし、それは本当でしょうか？

東京大学の島津明人准教授によれば、「人間の脳が集中力を発揮できるのは、朝目覚めてから13時間以内」だそうです。

これを仕事に当てはめてみますと、朝6時に起きる人は、19時以降は集中力が低下することになります。

さらに、島津准教授は、「集中力の切れた脳は酒気帯びと同程度の、さらに起床後15時間（ここの例でいえば21時）を過ぎた脳は、酒酔い運転と同じくらいの集中力しか保てない」と述べています（注1）。

つまり、残業中の仕事は、じつは労働生産性が非常に低い（効率が悪い）のです！

実際、「あいつ残業時間はトップクラスなのに、仕事の成果は最低ランクなんだよな」という評価の同僚が周りにいませんか？

そんな時間帯に「仕事がはかどる」と錯覚して、大事な仕事に着手するとどうなるでしょう？

当然、ミスも多くなります。残業時間に作った資料に誤字・脱字が多かったり、そのときは「すごいアイデアを思いついた」と思って作成した企画書が、翌日すっきりした頭で読み返してみると、なんの変哲もないものだったりしたという経験は、みなさんも一度はあるでしょう。

個人のミスで済むなら笑って許されることもあるかもしれませんが、職場の業務に支障を来すようなミスとなると一大事です。

なぜなら、ミスをカバーするために謝るという時間が必要になり、そのために他の仕事が手につかず、精神的にも追い込まれていくことになるからです。しかも、ミスをカバーするための仕事は、会社にとって一銭の利益にもなりません。

結局、集中力が切れた状態での精度の低い仕事は、あなたにとっても会社にとっても何も得することはないのです。

ある脳科学者は、「人間の脳というのは、タイムトライアルを設定したときが一番集中して活動することができ、創造力（クリエイティビティ）も豊かになる」

とも言っています。

これに倣えば、「○○の仕事はいつもなら2時間くらいかかるけど、今日は1時間半を目標にしてみよう。それが達成できたら残りの30分を自分へのご褒美として好きなことに使ってみよう」というルールを決めるだけでも、集中力をアップすることができます。

いかに集中できる状態を自分で作り出すことができるかが、効率のよい仕事をするうえで重要となってきます。

「でも、人によって集中できる時間帯は違ってくるのだから、個々人に任せるべき」と考えている人もいるでしょう。しかし、ある人は定時内で、ある人は残業時間に集中するといったように職場の人間がバラバラな仕事の仕方をしていたら、組織としては、マネジメントの問題だけでなく、光熱費などの面からも大変非効率となります。

仕事に集中できる環境づくり

どうしても昼間（定時）の時間帯に集中することが難しいのであれば、残業時間に持ち越すのではなく、集中する環境をつくり出すことをまず考えてほしいと思います。

たとえば、インナーウエアのトリンプ・インターナショナル・ジャパンでは、12時半から14時半まで、私語、オフィス内の歩き回り、仕事の依頼・確認などを禁止し、自分の仕事に集中するための「がんばるタイム」という制度を1994年から取り入れています。トリンプの大ヒット商品でもある「天使のブラ」は、この「がんばるタイム」から生まれたという秘話もあるほどです。

また、あるNPO法人では、「引きこもりタイム」というのを設けています。これは、職場で仕事に行き詰まったり、誰にもじゃまされずに考えごとをしたりしたいときに、コーヒー代程度の支給は会社持ちで、近所のカフェや会議室で、集中して仕事に励んでもらおうという試みです。そこでは、集中力を高められるならイヤホンで音楽を聴きながら仕事をしてもいいとしています。

さらにおもしろいのが、「強制引きこもりタイム」というものです。これは、上司の判断で集中力が低下しているのが手にとるようにわかる人がいた場合は、「ちょっと行ってこい！」と半強制的に集中して仕事をさせようとするものです。

いずれにしても、仕事にメリハリをつけ、生産性を高めるための試みと捉えることができます。

一方、企業側が社員に時間を区切って集中させるためのシステムを編み出しているところもあります。

たとえば、コクヨオフィスシステム（現コクヨファニチャー）では、「ひとつの仕事を2時間以内で終わらせる意識を持たせる」ために、2008年よりフロアの入り口で予約システムに席の予約を入力すると、同じ席には2時間まで、会議室の使用も2時間まで利用できるという決まりを作りました。

その他、立ちながら短い時間でブレインストーミングが行えるような椅子のない会議室を用意したり、プラネタリウムなどを見たりしながら、気分転換できるスペースも用意されています。

人間の集中力の限界を考えても、残業というのはじつは非効率なものだということが認知され始めて、企業側も仕事の生産性を上げるのに必死なのです。時間処理能力の原則も、定時という時間の中にあってどれくらい効率よく仕事をこなすかということに尽きます。

長時間残業に心身ともに慣れ親しんでしまっている人にありがちな、「午前中はぼちぼち肩慣らし」などという仕事の姿勢は、もはや通用しない時代になってきました。

（注1）労働安全衛生研究所 高橋正也氏の資料より
（Dawson D., Reid K. *Nature*. 1997;388（6639）:235. による）

idea 5

「時間泥棒」にならないために

私たちの会社も、設立当時は毎日のように社員が残業をしていました。社名がワーク・ライフバランスであるのに、まったく真逆のことをしていたわけです。

そのなかで、当時唯一の子持ちだった私は、私だけが育児で残業ができないことに肩身が狭いと感じるようになり、モチベーションが落ち、「このままでは、数年のうちに、結婚・出産・育児を経験するであろう社員全員が、私と同じように肩身が狭くなってモチベーションも下がってしまうのでは……」という危機感を抱えていました。

そして考えに考えた末に、「全員残業を禁止にしよう。どうしたら9時半から18時で仕事を終わらせることができるか、みんなで検討していきたい」と投げかけてみました。

この投げかけは、予想に反して、不評を買いました。

私にしてみれば、「みんなの将来を思って提案したのに……」と、正直ショックでした。

結婚もしてないし、子どももいない最年少の女性社員からは、「私は1分でも多く仕事をしていたいんです。経験をどんどん積んでいきたいときなのに、どうして時間制約のない私までが残業してはいけないのですか?」と反論されました。

すべてを時間で解決しようとしない

それでも私は「どうしたら18時に帰れるのかを考え続けてもらいたい」と言い続けました。

すると3カ月ほど経ったころに、当の彼女のほうから言ってきたのが、「私、ようやくわかりました。毎日どうして自分が定時に帰れないのかが。一番集中して仕事をしたい時間帯に、お客様からのお問い合わせの電話がかかってくると、それにさっと答えられる知識がないので、それを調べるのに時間を要すること。

先輩から1時間で終わると言われた資料作りに、パワーポイントやエクセルを使ってさっと作成するスキルがないこと。自分の知識・スキル不足、電話1本で知りたいことを教えてくれるような人脈がないことを、すべて時間でカバーしようとしていたことに気がつきました。

そして今の状態で残業すればするほど、知識とスキルをレベルアップする時間もとれないんです」という言葉でした。

彼女は、自分の知識やスキル、人脈不足を時間をかけることでカバーしようとしていたのですが、知識・スキル自体を高めるためにどうしたらいいのかという視点がなかったのです。これでは、自分の力不足で発生した残業時間分の人件費・光熱費などを会社に負担させてしまっているだけです。

また、「ちょっといいですか？」と話しかけて、小1時間くらい、あまり生産性のない問答を延々とくり返すような人が職場で時折見かけられます。

なぜ、「ちょっと」がちょっとで済まないのかというと、その人が自分なりの知識や回答を持っていないからです。そして、挙げ句には「ちょっといいですか？」が「これお願いしてもいいですか？」と、相談した人に仕事を振ってしまうということになるのです。

これでは、その人の貴重な時間を奪ってしまっただけでなく、余計な仕事を押し付けることにもなりかねません。

もうひとつ、あるコンビニ業界の社長が、新聞記者に取材を申し込まれたとき、相手の記者が最初に取材時間に指定してきたのは18時以降だったそうです。それで、この社長は、「僕、子どもの迎えがあるので」と断ったそうです。

新聞記者にとっては、「18時以降の取材も当たり前」という感覚なのでしょうが、世間の常識からいったら、その時間は残業時間にあたるわけです。取材を受ける側が、就業時間中は他の仕事があるからと18時以降を指定してくるなら話は別ですが、相手の都合などかまわずの「夜討ち朝駆け」的な取材方法は、もう時代遅れなことにまったく気がついていないのです。

これだけ価値観が多様化しているなかで、こんな風に取材している側に日常の視点が欠けていたら、読者の共感を得るような記事は書けないと思います。

結局、どれも「時間泥棒」と呼んでもいい行為でしょう。

スキマ時間を有効活用

それでは、自分が「時間泥棒」にならない、そして時間を尊重できる人間になるためにはどうしたらいいのでしょうか？

知識・スキル不足の人は、まず思い切って残業をやめることを決意してください。定時で退社して、自己研鑽の時間を作り出すのです。パワーポイントやエクセルの知識がないなら、書店で関連する本を購入しスキルをアップさせることが第一歩です。

人脈を作りたいなら、異業種交流会や講演会に出かけ自分の知らない世界を垣間見るとともに、いざというときの人財産をリストアップしておくことです。「ちょっといいですか」人間にならないためには、私がコンサルティングしている企業でも取り入れていますが、「ちょっといいですか」のアポを取るシステムを導入することをお勧めします。相手に手間暇をかけるものは相手の時間を尊重して、準備してもらえるように、お互いのスケジュールを考慮しながら決めていくのです。

アポは、パソコンのスケジューラーで管理するのもよいし、「朝メール」に会議の予定だけでなく、作業の時間なども組み込んで「見える化」しておくのがよいでしょう。アポを取り、冷却期間を置くことで、よくよく考えてみるとたいしたことではなかったとか、自分で解消できたということにもつながります。

スキマ時間を利用するのも有効な手立てです。たとえば、上司と同行した際の電車での移動時間などは格好の「ちょっといいですか」タイムだと私は思っています。「今日はいい天気ですね」といった会話で終わってしまうのはもったいないので、「来週の○○社のプレゼンなんですが、こういう案とこういう案が考えられますが、僕はこちらの案でいこうと思っています。どうでしょう?」というような使い方ができるはずです。弊社の社員はみんな、つり革につかまりながら、たくさんの案件をどんどん投げかけて相談してきます。

また、1人で移動するようなときは、たとえば「5分タスクリスト」などをいつも持ち歩くとよいかもしれません。「5分タスクリスト」とは、5分でも空き時間ができたら、これをやりたい、検討したい、解決したいといったタスクを100個くらい絶えず用意しておくことです。または、私は、「5分メールフォルダ」を作って、少しの移動時間で返信ができるものは済ませてしまうようにしています。

スキマ時間を隙間なく上手に使う、これも時間の有効活用になります。

ワーク・ライフバランスを考えるうえで重要なのは、「長時間会社にいることだけが会社への貢献ではない」という当たり前のことに対する気づきだといえます。

多様化する価値観や消費者ニーズにマッチした商品・サービスを創造し、個人の成長やライフビジョンをより豊かにするためには、異業種の人たちとの交流や地域社会、ボランティア、育児・教育などへの参加を通して知見を広げることが大切です。

第2章

個人とチームで成果を上げる仕事術

idea 6

マニュアル化で「引き継ぎ漏れ」を防止！

私がまだ資生堂で働いていたときのことです。奈良支社に配属になった私に割り当てられた仕事には前任者がいませんでした。欠員が出たまま3カ月あまり放置されていた取引先だったからです。

結局、4日間だけ先輩から取引先をひととおり車で案内してもらったきり、売上げ状況などの資料も取引先の情報もゼロの状態で担当を引き継ぐことになってしまいました。

配属されたばかりの私は社内に詳しく話を聞ける人もいなかったので、仕事のやり方も情報も、取引先の販売店の方に聞きながら覚えました。そのなかで、販売店の方にずいぶん怒られたりすることもありましたが、普通の営業担当者だったら気がつかなかったであろう、お店側の気持ちや現状を知ることができました。

先輩には、「販売店側の都合のいい話を聞きすぎると、こっちの売上げは絶対に上がらないぞ」と叱られましたが、「販売店の売上げを上げることが、結局はこちら（資生堂）の利益にもなるはず」と考え、周囲の反対を押し切り、自分なりの販売戦略をとってみました。結果的には、店側の全面的な協力もあり、支社一の売上げを達成することができました。

引き継ぎがなかったことでお客様に直接接している販売店の意見を広く聞くことができ、それを自分の仕事に反映できたのは、本当に幸運だったのかもしれません。

その一方で、基本的な仕事の情報の引き継ぎがされないことが、どんなに大変なことなのか身をもって知ることにもなりました。

「この人でないとできない」仕事は少ない

じつは組織において「この人でないとできない」という仕事は、それほど多くありません。そうでなければ欠員が出るたびに組織としての能力が落ちることになってしまいます。組織内の仕事をこなすことにおいて、誰もが代替可能であるからこそ、組織は個人の寄せ集め以上の力を発揮できるのです。人は辞めたり休んだりするものである、という前提で、前もって同じスキルレベルの人を育成し、必要に応じて権限委譲を行うことが大切です。そのためにもマニュアルを常日頃からしっかり作っておくことが求められます。

多くの企業では、マニュアルを作る前に辞めてしまう人が多く、業務内容が引き継がれないことが問題となっています。前もって自分の業務をマニュアルにして「見える化」しておけば、こうした事態を最小限に食い止めることができるはずです。

また、欠員が生じていない職場でも、「仕事が忙しくて、まったく有休が取れない」状況があるでしょう。その原因は、仕事が属人化していることです。自分の業務を「見える化」しない限り、休めませんから、最低限の休暇を取るためにも、業務のマニュアル化をすすめていきましょう。

他の人が引き継げない仕事の仕方は、会社にとって損失にもなります。重要な危機管理でもあるのです。

マニュアルといっても最初から完璧である必要はなく、「毎日更新していくもの」くらいに考えていただいてけっこうです。とにかく、自分の仕事でマニュアル化できそうなものは、いつでもアップデートできるように紙ではなくデータの形で情報化し、職場内で共有しておくことです。

ある旅行会社では、修学旅行の手配や添乗をする部署で、それまでは各自が個別に培った職人的スキルで受注し、仕事を任せていました。そのため、新人が育つのが遅く、違う分野から異動してきた社員にミスが多かったのです。コンサルティングを通じて、マニュアル作成を徹底したところ、新人も質の高い仕事を短期間で覚えることができ、取引先の学校から「若いのにすばらしい」とリピート依頼されるようになり、チーム全体の業績を押し上げることになりました。

マニュアル作成は危機管理のひとつ

私たちの会社では、社員全員がかならず年間に4日連続で休む日を設定しています。そうなると、仕事を引き継ぐ必然性が生まれますので、自分の業務をマニュアル化せざるをえなくなります。使う予定のないマニュアルを本気で作る人はいませんので、動機づけになるわけです。

それができたら、順番に4日間ずつ実際に休みを取ります。その間に別の人間がマニュアルを使ったときに支障が生じるようであれば改善すればいいし、問題が生じるごとにブラッシュアップしていけばいいのです。

今まで自分の頭の中にしまっていたものをマニュアル化して、職場全員が共有化することができれば、これに優る引き継ぎ法はないでしょう。

欠員が出たときが働き方を見直すチャンスだと言いましたが、欠員が出るという前提で先んじて職場の業務を見直すことも、これからの時代は必要不可欠です。平常時に生産性を最大化することを試みている職場が、欠員が出たときにもレバレッジがきく職場だと言えるでしょう。

idea 7

「捨てる仕事」選びがパフォーマンスを高める

職人の世界では、最近「匠の技」の継承、もっと具体的に言えば、熟練の技を引き継ぐ後継者がいないことが問題になっています。一人前の職人を育てるには長い年月がかかることと、「仕事は見て盗むもの」という暗黙の了解があるために、そこに厚い壁があることを肌で感じて若い世代がなかなか飛び込んでくれないようです。

じつは、似たようなことが、一般の企業でも起こっています。技の継承ならぬ情報の継承の問題です。

たとえば、「○○のことは、あの人に聞かないとわからない」「あそこの取引先のことはつきあいの長い○○さんに聞くほうが話は早い」など、会社で共有すべき情報でありながら、実際は個人に属しているものが職場にはたくさんあります。

こうした閉ざされた情報をたくさん持っている人が、職場における「やっぱり自分がいなくては」「オレじゃないとだめだろ」という歪んだ優越感を生み出しています。

情報を独り占めにする罪

しかし、こうした情報の私物化は、欠員補充ゼロ時代においては美徳でもなんでもなく、むしろ弊害です。なぜなら個人が情報を遮断しているうちは、いつまで経っても職場の財産として共有化されていないからです。情報が共有されていないとどういうことが起きるでしょうか。そうです。情報を持った人が去っていくたびにその情報はなくなってしまいます。いったん消失してしまった情報を元の水準に戻すことは容易ではありません。

つまり、クローズした情報が職場に多ければ多いほど、長い目で見ると企業にとっては損失となってしまうのです。

職人芸である「匠の技」が受け継がれないのも日本文化の大きな損失ですが、職場における情報や仕事のやり方が引き継がれないのも企業にとっては大きな問題であることをもっと認識してほしいですね。

では、なぜ職場では情報や仕事のやり方が引き継がれてこなかったのでしょうか?

ひとつには、これまでの職場慣習が大きく影響していたようです。多くの職場では、スーパーエースが1人いて、その周りにエースをサポートする人間がいれば、仕事はまわり、業績も上げることができました。

スーパーエースを育てるには、上司が部下に「お前がちょっとリードしているぞ」と言いながら、そのライバルにも「今のところはお前のほうがあいつよりいい成績だが、油断するな」とけしかけて部下を競わせるのが有効な手法でした。

このやり方は、ライバル意識を芽生えさせるにはいいのですが、相手に有利な情報は絶対に漏らさないようになり、同じ職場内で情報が共有されなくなります。何よりも、ライバルを出し抜いて初めて上司の評価が得られるため、エース候補たちが組織としての成果を考えなくなります。

ライバルを蹴落とすには、自分の情報など漏らすのはもってのほかという職場では、雰囲気も険難としたものにならざるをえません。しかし、職場の雰囲気が多少悪くても、次から次へと仕事を取ってこられる右肩上がりの成長時代にあっては目をつぶることができました。

しかし、限られたパイの中で、他社よりも迅速にそして高付加価値戦略で成果を上げていくという、スピードと質が要求される現在では、職場の人間同士でパイの食い合いをするような余裕はありません。職場の人間が一致団結して、そのパイを取りにいかないと企業として生き残っていけない時代なのです。

共有化は少しずつでも大丈夫

このような競争環境で、職場内で情報の遮断があると、非常に不利になります。その一方で、「あの人がいないから仕事が引き継げない、まわせない……」と愚痴をこぼすだけでは何も変わりません。失ってしまったものばかりに目を向けていては、目の前に落ちている宝に気がつくことができないからです。

また、情報のとり方も時代とともに変わってきています。かならずしも先人が持っていた情報がそのまま通用するわけではなく、新しい情報の仕入れ方もあるはずです。

私たちに求められるのは、「すべてを引き継ぐ（踏襲する）必要はない」という発想の転換です。引き継げないのならゼロベースで考えてみること、引き継ぐ際にも不必要な情報や前例は思い切って捨てる、という判断が重要なのです。

情報もリストラされてよいのです。

本来なら、会社にいるうちに、部下に仕事の情報を伝えていくのも業務の一環であり、それを見える形として持っていることが上に立つものの務めです。でも、それができていないからといって、必要以上に悲観することはありません。ピンチはチャンスでもあるのです。今まで職場に共有化というルールがなかったのなら、ルールを新たに作って、共有化を一気に進めればよいのです。

共有化には、自分の業務を見える化する「誰でもできる化マニュアル」を作成しておけば、職場の誰かが突然異動になったり、急にフルタイムで働けなくなったりする人間が出ても、迷わず仕事を引き継ぐことができます。情報の遮断も食い止められるでしょう。

また、「私にしかできない」と思っていた仕事は、じつは新入社員でもマニュアル化すればできるものであったり、まとめてアウトソーシングしたりすることでかえって内製するよりもコストが安く済むこともありえます。

それによって作り出された時間を、優先度の高い仕事に重点的に振り分ければ効率的な仕事ができるはずです。

捨てる仕事を生み出すだけでなく、要るところには投資をするというセットで考えることで、より一層、職場におけるムダやムラが排除できるでしょう。

限られた人員で最高のパフォーマンスを出すためには、「誰でもできる化マニュアル」を筆頭に、職場内ですべての情報を共有することが前提となります。と同時に、捨てる仕事、捨てる技術を判断することも要求されます。

職場の環境は、何でもクローズして1人で情報を抱え込むことで得をしてきた時代から、すべてを共有することで得をする時代に大きく変化しているのです。

idea 8

働き方を変えるために周囲を説得する

「もっと生産性を上げて働きたいのに、職場のメンバーになかなかその危機感が伝わらない」と思ったとき、どうすればよいでしょうか？　周囲のメンバーを説得しようとしても、まだ実践できていない自分が力説しても説得力が足りない……。「周りが変わらないから、自分も変われない。自分が変わらないから、周りを変えられない」という堂々巡りに陥ることもあるでしょう。

そんな時は、なぜ働き方を変える必要があるのか自分で説明するだけでなく、他の人の意見を引用して説明してみましょう。本や雑誌、テレビなどで聞いた話を紹介してもよいですし、現代では動画という手段も有効です。説得力が高く、パワーのあるスピーチなどの動画は、文字だけの説明よりインパクトがあって効果的な場合があります。

動画の説得力を利用する

世界的なカンファレンス、ＴＥＤでのプレゼンテーションを録画した動画は、影響力の大きいスピーチが見られることで有名です。このＴＥＤで、２０１２年に私が働き方についてスピーチしたYouTubeのダウンロード数は、17万回を超えました（http://www.work-life-b.com/wlb_top.html#wlb_top01）。

このサイトから、ＴＥＤのプレゼン以外にも、私が国会に公述人として招かれて答弁した際の20分の動画などもすべていつでも閲覧できます。職場のメンバーとランチなどの際に話題の動画として紹介してみると、相手の意識を変えることにつながるかもしれません。

また、日本でも同様のサイトはいろいろありますが、「日刊読むラジオ」というサイトは、話題になっている動画をすべて文章に書き起こして読めるようになっています。フェイスブックなどでシェアされている話題のスピーチがあっても、音声を出せない状況だとなかなかその場では見られませんが、「日刊読むラジオ」などを利用すれば、通勤電車で読むこともできます。

このサイトでは、いくつか私のスピーチが紹介されています。2014年7月に紹介された「山積する社会問題をタダで解決する、たった一つの方法」(http://www.yomuradio.com/archives/657) は9万シェアされました。

国際女性ビジネス会議で
(2014 年 7 月)

ここでは、2万シェアされた15分のプレゼンテーション、「人口構造から見るゲームチェンジの必要性」(http://www.yomuradio.com/archives/4827) の一部を紹介しておきます。これは安倍晋三首相も出席した「国際女性ビジネス会議」で私が基調講演をしたときのもので、なぜ今、日本社会をあげて労働時間の見直しをする必要性に迫られているのかを解説したものです。全文はサイトに掲載されているので、興味を持たれた方はそちらをご覧ください。

みなさん、「人口ボーナス期」という考え方をご存知でしょうか?「人口ボーナス期・オーナス期」という考え方、これは10年ほど前にデービッド・ブルームというハーバード大学の人口統計学者がかなり説得力のある学説(http://wber.oxfordjournals.org/content/12/3/419)を展開して、非常に注目されています。

人口ボーナス期というのは、端的に言うと「労働力人口がたくさんいて、高齢者がちょっとしかいない国の状態」を指します。日本の70年代だと思ってください。若者がたくさんいて高齢者が少ししかいないので、社会保障費が全然かかりません。なので、その国は人口ボーナス期の段階では経済発展するのが当たり前、とデービッド・ブルームは言っています。

今、人口ボーナス期にあるのは中国、韓国、シンガポール、タイです。ど

人口ボーナス期から人口オーナス期へ

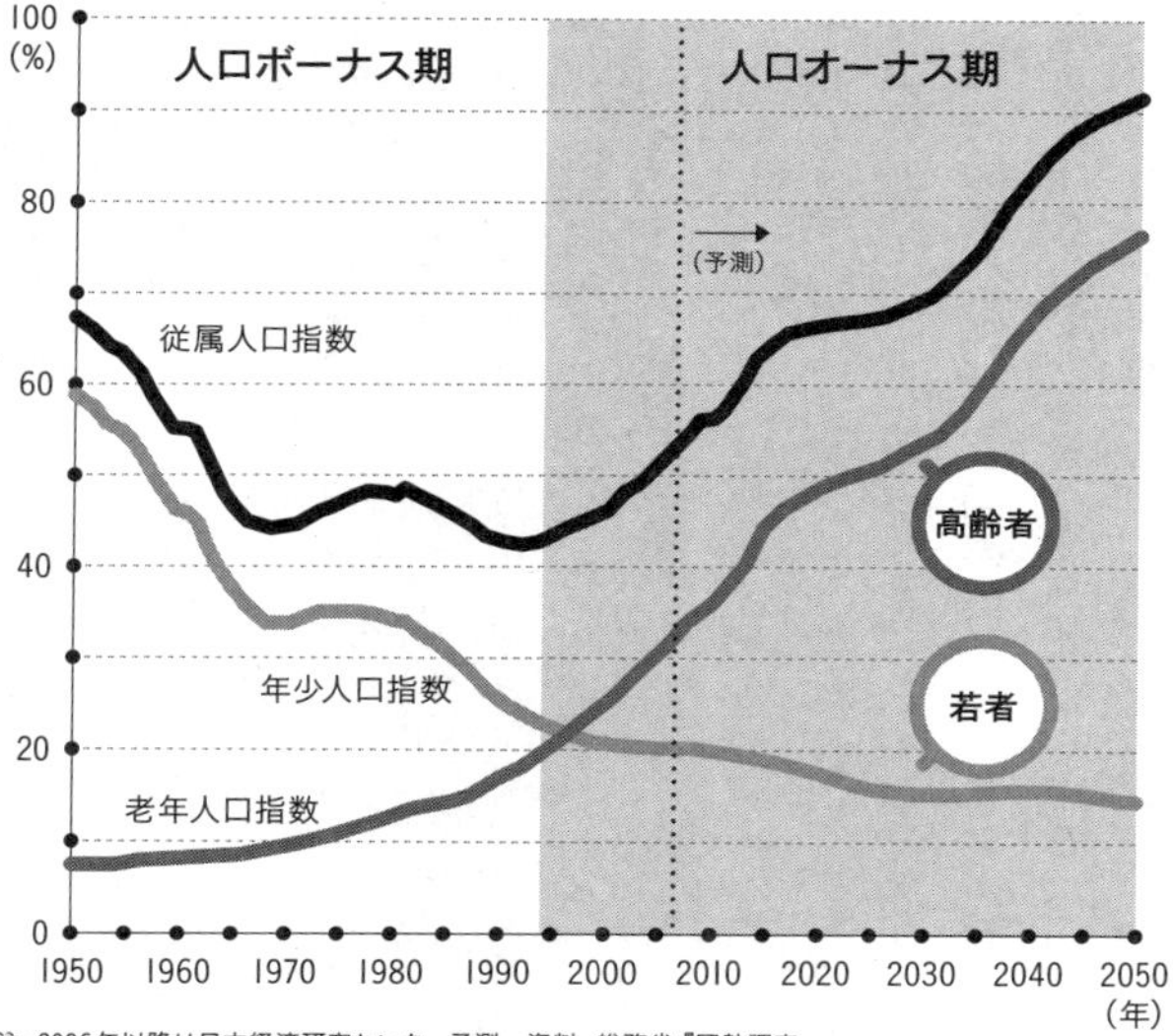

注・2006年以降は日本経済研究センター予測　資料・総務省『国勢調査』

「**人口ボーナス期**」とは「多産多死」から「少産少死」社会に移行する際に人口構成比の子どもが減り、生産年齢人口が多くなった状態。高度成長期には医療や年金制度が充実してしだいに高齢化が進み、生産年齢人口が減って「**人口オーナス期**」となる。
日本の人口ボーナス期は 90 年代に終わり、現在は人口オーナス期。

「人口オーナス期になったら経済は終わり」ではない。人口ボーナス期の成長をもう一度！という政策は通用しないので、**人口オーナス期に経済発展するルールへの変革が必要。**

こも経済発展していますよね。日本の人口ボーナス期は残念ながら90年代に終わりました。インドは２０４０年まで続くそうです。こういった人口ボーナス期にある時にはその国が発展して当然で、実はアジアの奇跡はほとんどこれで説明ができるんだそうです。

肝心なことは、「１つの国に人口ボーナス期はたった1度しか訪れない」ということです。なぜか？人口ボーナス期というのは労働力人口が多いのです。そして人件費が安い。そうすると世界中から仕事を集めることができて、世界中からの仕事を速く、安く、大量にこなして、世界中に物を売って、もうけて、発展します。

しかし、豊かになると必ず親が子どもに教育投資をします。子どもが高学歴化します。そうすると少子化になります。人件費が上がります。人件費の問題で世界中から仕事が集まらなくなります。今の中国がそうですよね。人件費の問題で中国から別の国へビジネスが移っていきます。そうするとその国は必ずＧＤＰが伸び悩んで横ばいになっていく。日本はもうその典型の道を辿ったんですね。

グラフを見ると、今、日本は赤い矢印の時点にありまして、人口オーナス期真っ只中というところにあるわけなんです。

じゃあこの「人口オーナス期」というのはどういう状態なのでしょうか？「オーナス」はボーナスの逆で、「負荷」とか「重荷」という意味です。その国の人口構造がマイナスに働く時期なのです。

一言で言うと「支えられる側が支える側より多くなってしまうという構造」です。高齢者がたくさんいて若者がちょっとしかいないので、その人たちの労働では高齢者の生活を支えることが非常に負担になる。当然、社会保障費が膨大になるのでその国の経済は伸び悩む、という時期に入るんですね。

日本が問題なのは人口ボーナス期からオーナス期に入ったこと「ではない」んです。ほかの先進国も同じです。北欧諸国、ＥＵの国々、みんな人口オーナス期に入っているんです。日本の問題は、ものすごい速さで人口オーナス期に入ってしまったということなんです。

なぜそんなにハイスピードで入ってしまったのかというと、少子化対策に失敗したからです。子どもの数の比率が減るから、高齢者の数の比率が上がる。もしも子どもが生まれ続ける社会を作ることができたら、労働力人口は減らなかったわけなんです。

じゃあ、その原因はなんなのか？　1点目は、70年代に成功した成功モデルに引きずられて長時間労働を改善できなかったということです。なぜ長時間労働があるといけないのかというと、夫が長時間労働のまま妻が働きに出ると、1人目を出産した時点でたったひとりで孤独な育児と仕事の両立にぶち当たります。すると、こんな状態で2人目が産めるわけがない、というふうになって、2人以上産むことができなくなるからなんですね。

これは私自身が体感しました。私の夫は経済産業省の役人なのですが、長男を産んだ時、帰宅時間が平均深夜2時みたいな状態が続いていました。子をベッドに置いたら泣く、置いたら泣く、というのをたったひとりでエンドレスに繰り返して、やっと寝てくれて、そーっとベッドに置いた瞬間に、見てたのか？っていうタイミングで大抵帰ってくるんですよね。そして家中で不用意な物音を立ててもう1回起こす、と。

「もう2度と帰ってこなくていいから」（笑）みたいな話を夜中に何回もしましたし、絶対に玄関の前で子どもが泣いている音を聞いて待っていて、泣き止んでから入ってきてるんじゃないか？って私はいつも思っていました。もうその頃はケンカ、ケンカの毎日でしたから、2人目なんか全く考えられませんでした。でも、実は今、夫は家事・育児を同じ時間だけ平日も毎日やってくれる人になりまして、その変化で初めて2人目が欲しいと思って産むことができたんです。

女性保護という意味での労働時間の改正じゃなくて、男性の労働時間も含めて変えていかなければ、一言で言うと「未来の労働力を増やせない」わけです。将来の子どもを作っていくことができないんです。

そしてもう1点が、3年ぐらい前まで政府は待機児童ゼロに本気で取り組んでいなかったということです。私は２００６年からずっと国の委員をやっているので、その本気度はもう良く良く分かっています。アリバイ作りみたいな委員会しか開かれなかった時期、ほんとに何を発言しても暖簾に腕押しみたいな時期がありました。

そのために、せっかく両立をしようとして育児休業をとった女性が、いざ復帰のタイミングで預けるところが全く見つからない。本人にもやる気があった、企業も待っていた、でも復帰できなかった、という、現時点での労働力をその時点で失うということが起きました。なので、短期の労働力も長期の労働力も増やすことができず、人口オーナス期がガーッと加速して増えたわけです。

もう1回繰り返しますが、安い人件費で世界中から仕事を集めるということはもう日本はできません。ですので、爆発的な経済発展はこのままのやり方ではもう起こらない。

でも、人口オーナス期になったら経済が終わり、ではありません。オーナス期にはオーナス期のやり方があります。大事なことは、「人口ボーナス期の成長をもう1度！」みたいな政策じゃダメだということです。「あのころはよかった」と言って「人口ボーナス期の夢をもう1度！」というような考え方の政策ではダメなんです。ルール自体を人口オーナス期に合ったルールに変えていかないと、もう経済成長ができなくなるんですね。

じゃあ人口ボーナス期とオーナス期は成長できるモデルがどう違うのか？というのが表（次ページ）になります。これは、すごく分かりやすくするために、かなり端的に書いてしまったんですが、一言で言うと、ちょっと身も蓋もない言い方ですが、人口ボーナス期は男性ばっかり、なるべく男性が働いたほうが良いんです。重工業の比率が高いので、筋肉が付いている男性が多く働いたほうが良いです。

それからもう1つが、なるべく長時間働いたほうが良いんです。市場は物に飢えていて、作れば作っただけ売れていきますから、「時間＝成果」なんですね。たくさん物を作っていくには、ベルトコンベアをずっと動かし続けたほうが良いといえます。

そして3つ目が、なるべく同じ条件の人を揃えたほうが良いんですね。同じような物をたくさん作るということに市場のニーズがある時期ですので、

経済発展のためのルールが変わった！

人口ボーナス期に経済発展しやすい働き方

なるべく男性が働く

- 重工業の比率が高い（筋肉が多い方が適している業務が多い）。

なるべく長時間働く

- 早く安く大量に作れば競争に勝てるので、かけた時間が成果に直結する。

なるべく同じ条件の人を揃える

- 均一な物を多数提供することで市場ニーズを満たせる。
- 労働力は余っているので、転勤や残業などわかりやすい一定条件でふるい落として、残るために必死にさせて忠誠心を高める。
- 代えがきく労働者の立場は弱く、一律管理できる。

↓

人口オーナス期に経済発展しやすい働き方

なるべく男女ともに働く

- 頭脳労働の比率が高くなり、かつ労働力が足りなくなるので、使える労働力はフルに活用する。

なるべく短時間で働く

- 時間当たりの費用が高騰する（日本の時給は中国の約8倍、インドの約9倍）ので、体力に任せて働かせたりせず、短時間で成果を出すよう徹底的にトレーニングしないと利益が出ない。
- 少子化による介護の負担増大で、男性にも時間の制約が生じる。
- 夫婦共働きになるので会話時間が貴重。消費活動を促進するには家庭に時間を返すことがポイント。

なるべく違う条件の人をそろえる

- 均一な物では飽きられる市場なので、常に違う価値を短サイクルで提供する必要がある。
- 労働力が不足する中、転勤や残業の条件を課すと介護する男性も皆ふるい落とされる。
- 育児・介護・闘病・障害などが労働するうえで障壁にならないような環境の整備が重要。

なるべく脇目をふらずに同じ物をガーッと作ってくれたほうが良いんです。

それから大事なことは、その時期では労働力は余っていますから、企業の力が強くて、均一な条件で労働者をふるい落すということが可能でした。日本企業が最も多くとった手段は出張・転勤・残業です。この3つを社員に絶えず課して、これについてきた人だけを残すよというふうにするんです。

そうすると、みんな必死になって、その不利な条件にもついていきます。それによって忠誠心を高めるという手法が、人口ボーナス期には横行するんですね。「オマエの代わりなんかいくらでもいるんだよ戦法」と私は呼んでいるんですけれども（笑）、経営者はこのやり方を非常に有効に使えるのが実はこの人口ボーナス期なわけです。

それが人口オーナス期になると全く逆になります。まず、なるべく男女共に働いたほうが良いわけです。なぜかというと、頭脳労働の比率のほうが圧倒的に高まってくるからです。……（以下、続きは動画か日刊読むラジオでご覧ください）。

こうした動画は必ずしも会議で上映したりしなくても、職場のメンバーとランチなどの際にスマホなどで動画を見せてみたりするだけでも、相手の意識の変化につながるかもしれません。自分なりの方法をいろいろ試してみてください。

idea 9

レスポンスの速さをウリにしない

私は、定時に仕事を切り上げ、今まで残業に充てていた時間を使って、ライフの充実を図ることが、長い目で見るとワークの活性化をもたらす、ということをことあるごとにお話ししています。

また、実際にコンサルティングを行う際にもお伝えしていますが、最初はその真意がなかなか相手に理解してもらえないことが多く、もどかしい思いをすることがよくあります。

即レスがウリの職場は要注意

たとえば、ある建設業界の方とお話をしたとき、

「うちの会社は、どんな時間でもいつでも対応し、レス（レスポンス）が速いことがウリなんです。その姿勢がお客様に喜ばれています。そうしたところを、小室さんがいうワーク・ライフバランスによって切り捨ててしまうと、受注の低下にならないかとても心配です」

と言われました。

こうしたご意見は他の会社の方からもいただくことがあります。でも、よく考えてみてください。

相手の要求どおりの対応をやめたら受注がこないということは、レスポンスが速いことや無理を聞いてくれること以外にその企業の付加価値はなかったということです。

これが何を意味するのかといいますと、現状では取引先から「あそこは、ギリギリでもやってくれるから……」と足元を見られ、最後の最後に発注される会社になってしまっているのです。つまり、一番遅くまでがんばる企業が一番バカを見る構造になっているということなのです。

幸い、この会社は働き方見直しコンサルティングを通じて、残業を削減して社員がインプットできる時間を増やしていったことで、即レス以外の面で他社との差異化を図ることができ、業績を改善させました。

高付加価値勝負の時代にあって、「速さと対応時間の短さ」というある意味根性論的な働き方では、遅かれ早かれ受注は激減してしまうでしょう。なぜなら、人件費の安い国にそうした仕事はどんどんシフトしていくからです。

「がんばる姿勢を評価する」というやり方は、人件費が高騰している日本においてはすでに通用しないのです。これでしか差異化できない会社はインプットがなくなり、早晩破綻を来すでしょう。

こうした悪しきワークルールは、なにも企業単位に限ったことではなく、個人の業務についても同様のことが言えます。

たとえば、できる人ほど、仕事が速い人ほど、終業時間間際に「恐縮ですが、今日中に何とか」と頼まれてしまっても、「2時間くらい残業すれば何とかなるかな？」と思ってしまいがちです。

しかし、一度それを受けて仕事をこなしてしまうと、冒頭で紹介した企業のように、「いつでもすぐに対応する」人というイメージを持たれてしまいます。

そうなると、「急な仕事はあの人に頼めば何とかしてくれるに違いない」とばかりに、イレギュラーな仕事が殺到することにもなりかねません。これでは、いつまでも残業のスパイラルから抜け出すことが絶望的な状況になってしまいます。

チーム全体でメールのルールを決めて実行

こうした悪しき慣習をなくすためには、職場全体で確固としたワークルールを打ち立てることが必要になってきます。

たとえば、ANA（全日空）では、メールルール、ワークルールを細かく作成しています。その一例を紹介しますと、「17時以降に送られてきたメールは、翌日受信扱いにする」というものがあります。

それまでは、退社直前まで急ぎのメールが来ていないかをこまめにチェックし、結局いつまでも帰れませんでしたが、17時以降に送られてきたメールについて、たとえ「急ぎだから、今日中に返信をくれ」とあっても、返信できなくても責められないというのを全社的なルールとしたのです。

「全社的に」というところがミソですね。個人的にこうした申し出をするのはなかなか勇気がいりますし、どうしても「来たメールにはすぐに返信しなければ」という強迫観念的な思いがあるものです。それを会社として宣言してもらえるのですから、ありがたい取り組みでしょう。このルールによって、結果的にギリギリでメールを送ってくる人が減り、早めに相手に依頼するということが定着してきているそうです。

また、大和証券では、「19時前退社」の励行を2007年から社長自らが旗振り役となって推進しています。実施当初は、夜遅くまで働くのが当たり前の世界であった営業などから「顧客からクレームが来たらどうするんだ」と猛反発を受けたそうですが、いざ始めてみると、かえって「お宅の会社が取り組んでいる19時前退社、すばらしいね。あなたも以前は疲れていたけど、健康で意欲的な人に担当してもらえるほうが安心です」と評価されたそうです。

結局、19時以降も営業をしていないと自分のバリュー（存在感・値打ち）が出せないというのは思い込みにすぎなかったことが顧客側から明らかにされたのです。

そして、情報のリストラという観点から、ワークルールの見直しを企業として推進しているのが無印良品（良品企画）です。

無印良品は、必要な情報が必要なときにさっと取り出せない、優先順位の高い情報が見える状態で共有されていないために膨大な数のキャビネットとそこに押し込められた無秩序な資料の整理に頭を悩ませていました。

そこで、月に1回3時間ほどかけて、社員全員で書類を捨てる、大掃除の日を設けたそうです。その結果、社内にあったキャビネットを半減することに成功しました。

たとえば、ある企業に複数の人間で商談しに行くときに、いただく資料も人数分となりますよね。今まではこうした資料は個々人で管理していたのですが、それを一本化してしまうだけで資料は削減できます。と同時に、捨てる作業を通して、資料は私物化するものではなく、会社の共通情報なんだという認識を植え付けることもできるわけです。

なぜ、こんなワークルールが必要になるのかといいますと、ルールを徹底させることで、職場のなれ合いやその場しのぎの対応が事前に防げ、企業の悪しき慣習も払拭でき、リスクを回避できるようになるからです。

ムダを省き、会社にとって利益となる仕事を優先してできる職場づくりには、ワークルールをきちんと設けることが必要不可欠でしょう。

idea 10

アナログ上司を「ＩＴの達人」に育てる秘策

ＹＯＭＩＵＲＩ ＯＮＬＩＮＥ（読売新聞）の「人生案内」という投稿欄にこんな悩みが載っていました（２０１０年3月27日「パソコン覚えぬ上司に不満」）。

要点だけをかいつまんで説明しますと、投稿した方は、30代女性の事務職。上司である課長は50歳前後。その課長はパソコンがまったく使えないそうです。

そのため、この女性は、課長が鉛筆で下書きしたものをパソコンに打ち込んで書類を作成したり、課長のパスワードを使ってメールまで送信したりしているとのこと。つまり、パソコンで行われる作業はすべてこの女性に丸投げ状態なのです。フォーマットが決まっているので、やり方さえ覚えれば簡単なはずの伝票の印刷もやらないそうです。

彼女の不満は、「パソコンをまったく覚える気のない態度や、仕事を丸投げしてくる態度」だということです。

こうした場合、「オジサン世代だからねえ」と半ば諦め、半ばかばう人も多いですよね。実際、投稿欄の回答者も「文字の使えない縄文人だと思って諦めたほうがいい」と述べています。

それ以外にも、「手書きのほうが速いから」とパソコンを使わない、せっかくデータ化しているのに、プリントアウトもさせて紙とデータを二重にして保管するように指示を出す上司もいます。

そんな上司を目の当たりにして、「なんでこんなこともできないの」とイライラ、悲鳴を上げている人は多いと思います。

「世の中には戦力にならない上司が多い」ことを日々感じていることでしょう。

しかし、欠員補充ゼロの職場において、たとえ上司であっても戦力にならない人間が1人でもいたら、仕事はまわっていきません。

チームで情報を共有し、仕事に効率よく取り組み、成果を上げていくことが必須の時代に、その根底をなすITスキルが低いのでは、通常の業務に支障を来します。投稿欄の例ではありませんが、同じ職場の人間の貴重な時間をも奪ってしまうことにもなりかねません。

それでは、パソコン音痴を自称するような上司に、パソコンを含めたITスキルを向上してもらうためにはどうしたらいいでしょうか？

私が考えるには、アナログ上司を直接ITヒーローに仕立て上げる、つまり戦力として活用するしか道はありません。欠員補充ゼロの職場にとって、非戦力の「即戦力」化は緊急の課題です。

雛形をさりげなく手渡す

部下としては、わかろうとしない相手に説明するのは面倒くさいし、自分がやったほうが早いと思ってしまいがちですが、それではいつまで経っても根本的な解決になりませんし、上司を戦力として組み込むことができません。

と同時に、「オレももう少し若かったらパソコンを学ぶんだけどなあ」と、できないことをやらないことにすり替えるような上司に向かって、最初から教えても時間がムダなだけです。

「明日にでも戦力として活用したい！」なら、一から教え込むのではなく、雛形を渡してしまうことです。その雛形を使って仕事をやってもらいながら、ほめて、持ち上げて、最終的には自力でできる人材に育てるのが、上司を「即戦力」化するためのテクニックです。

コツは、「これ意外と便利なので、よかったら私のデータ使いませんか？」と一言添えてほとんど出来上がっている資料を渡すことです。相手が興味を示してくれたら、プレゼンの資料づくりには、「このパワーポイントのデータを上書きして用いれば、グラフのグラデーションも一発で完成しますよ」、エクセルなら「ここに数値を入れるとあとは自動で集計してくれますよ」などと言いながら、ちょっと手を加えれば大作ができる雛形を提供してしまうのです。こんなすごいものが自分でできた、という成功体験を積んでいただくのです。

パソコン音痴の人が陥りがちなのは、パワーポイントやエクセルを一から開いてみて、どのアイコンをどうしたらいいのかわからなくて、真っ白な画面と格闘してくじけてしまい、「なんか難しそうでオレにはできない」「他の人が作っているようなレベルの資料を作る方法がわからないので、恥ずかしい」と最初のハードルを自分で高く設定してしまうことです。その垣根を取り払ってあげればいいのです。

「最近の職場はみんな無言でカタカタとパソコンを打ってばかりでよくない」な

ど言ってパソコンに手も出さないような上司も多いですよね。こんな上司は「できない」と言えずに「やらない」と言い張っているところからも、プライドが高いことが多いので、教え方も注意が必要です。専門用語を並べて説明したり、「そこ押しちゃいましたか⁉」などと小馬鹿にしたりするようなことを口走ってはいけません。その瞬間に、間違いなく「二度とパソコンなど触らないぞ」と意固地になってしまうからです。

私は1999年に資生堂に入社して、最初の配属地だった奈良支社で、勝手にパソコン講座を先輩に展開していました。文系出身なので、難しいIT用語を一切使わずに、「私はパソコンが好きなので、教えるのが喜びです♪」というスタンスを取ったところ「詳しいヤツに聞くと笑われるような質問にも、小室に聞けばうれしそうに平たい言葉で教えてくれる」と重宝がられました。

アナログ上司に自分が使っている資料の雛形を渡しながら、「このデータ、ここを変えるだけで簡単にできますよ」と上司を持ち上げることを忘れず、とにかく自力で最後までやってもらうように背中を一押ししてみてください。「なんだ、難しそうな資料も、自分でもできるんだ」と実感してもらえます。

そうして出来上がった資料を見ながら、「部長、こんなに短期間に、いきなりここまでできるようになっちゃってすごいですね」と素直にほめてあげるのです。ほめられて嫌な気持ちになる人はいませんし、「おっ、できた」と単純に資料づくりが楽しくなる人もいるはずです。周囲の人にも「最近、部長がパソコン使いこなしちゃってすごいんですよ〜〜」とほめてまわると、より気分をよくして、もう少し高度なことを試してみようかな、と思い始めます。

そうなればしめたものです。

私が教えた上司は、その後、別の支社に転勤になりましたが、転勤先でなんと「IT名人の支社長」と呼ばれるまでになっていました。教えた私もびっくりするほどの躍進ぶりです。最初の一歩さえ上手に踏み出すことができれば、人はここまで進化することができるのです。

でも、すべては手伝わない

ケーキづくりをするとしても、1人でケーキを土台のスポンジからすべてやろうと思うと、やる前にくじけちゃう人も多いでしょう。でも、土台はすでに用意されていて、ホイップクリームやフルーツのデコレーションをするだけなら、負担も少なくて済みますよね。それで楽しいと思えれば、次はクリームづくりから、土台づくりからやりたいとなるはずです。

上司を戦力化するのも、これと同じなのです。

ゼロから1人で始めるのは無理であっても、雛形を提供してそこから取り組むことなら、それほど抵抗もないでしょう。

そのときに、すべてを手伝ってしまってはいけません。全部お膳立てしてしまうと、「君すごいね。これからは全部お任せするよ」などと言われかねません。それでは戦力化するどころか、永遠の非戦力化に荷担してしまうようなものです。

助走のスピードがつくまでは後押しする。しかし、あとはその人の力に任せることが大切です。そして、できたものをきちんと言葉にしてフィードバックできれば、アフターケアも万全でしょう。

とにかく、職場の一番アナログな人間（上司）をＩＴヒーローに仕立て上げることが肝心です。そして、新人には、その上司にパソコンのことを教わるようにとアドバイスするのです。人は新たに自分ができることは誰かに教えたくなる生き物です。こうして、自分が習ったことを誰かに教えることで、自分の習熟度の見直しにもなり、さらに上達していこうという気持ちにもさせるはずです。

こうして職場のＩＴリテラシーが高まれば、仕事の効率も上がり、職場力の強化になることは間違いないでしょう。

idea 11

タスク見直しで「忙しくて大変」オーラ防止

眉間にしわを寄せて「話しかけるな!」というオーラを出している人。限られた人員で仕事をしている職場では少なくありません。

普通の職場でも、仕事が繁忙期のときは、目が血走り、些細なことでイライラしたり、周りにかまっていられなくなるほど心の余裕がなくなります。傍目から見てもそういう人はひと目でわかります。

険しい顔で仕事をしていると、血流も悪くなり、姿勢もこわばり、体調を崩す原因ともなります。さらに忙しさのあまり、周囲に当たり散らすようになってしまうと、職場の雰囲気は悪くなるだけです。
「そんなことといったって、人がいないんだからどうしようもない」という反論も出そうですが、このような状況でいくら仕事をしても、能率は上がりませんし、冷静さを失い、仕事のミスも増えてしまうでしょう。

忙しい↓他人の仕事などをかまう余裕がなくなる↓お互いが仕事を抱え込むようになる↓ますます忙しくなる、といったような職場環境になると、かならず誰かが「私大変なの〜」というオーラを出し始めます。そうすると、周りの人たちも、「あっちが大変オーラを出し始めたから、こっちも負けないくらい大変オーラを出さないと余計な仕事が降ってくる……」と「どちらが大変か」競争に陥ってしまうことがしばしばあります。

これは、とてもつらい競争です。仕事の生産性が落ちるだけでなく、職場が閉鎖的な人間関係となり、「とにかく自分の仕事さえ終わればいい」というものの考え方に向きがちです。

未達が当たり前の職場で得た教訓

私が資生堂在籍時代、関東のある支社にいたときのことです。そこは営業成績がノルマを達成したことが何年もなく、未達（目標・計画の未達成）が当たり前という空気が充満する職場でした。

「いくら仕事をしても売上げが立たないんだから仕方がない」「自分の営業テクニックはあまり人に教えたくない」といった雰囲気が漂っていました。

そんな職場で、私はなんとかして成績を上げたいと、マーケティングの本を読んで独学し、実際に店舗に足を運んでヒアリングして、どうしたら売上げが上がるかを、時間が許す限り1人で考え抜きました。そして、半年後には支社で唯一、ノルマを達成することができたのです。しかし問題はそこからでした。

「何年かぶりに、達成者が出た～」と支社中の人からその瞬間はほめられましたが、すぐさま「未達の○○君の分、1000万円分を小室さんよろしくね」と、人の仕事が降りかかってきました。

私はこの瞬間に悟りました。1人で成果を上げても仕事は増えるだけで、事態は何も変わらないことを。1人だけスキルを上げて、時間や仕事の隙間を作ってしまうと、低いところに水が流れ込んでくるように、自分のところに仕事がなだれ込んでしまうことが理解できたのです。

仕事が速くできる人のところにどんどん集中していく。なぜなら、そうしないと仕事が片付いていかないからです。しかし、それでは仕事を振られた人は、終わらない仕事の多さに、疲弊していくしかありません。

私は悩んだ末に、ひとつの結論に達しました。

「そうか、自分だけ成長して満足するのではなく、他の人の仕事全体に目を配り、全員で達成できるようにすることが必要なんだ。逆にそうしないといつまで経っても職場はよくならない」

次の半期は、部のメンバー全員の進捗具合に目を配りながら、声をかけ合いながら進めたところ、部全体の数字を達成することができました。

チーム全体のタスク分布を見渡す

今の会社でも、かつて大型の仕事が重なってせっぱ詰まってしまった社員がいました。体調も微熱が続いて仕事に集中できないようでした。ところが、周りの社員もみんな同じような忙しい状態でしたので、先回りをして「こっちも忙しくて、手伝えない」というオーラを出していたのです。それで彼女は、「自分がつらい」ということを言い出せなくなって抱え込んでしまいました。

そんな状況のチームに気がついたので、すぐさまミーティングを開き、全社員にこう言いました。

「今日、明日ですぐに人が増えるわけではない。でも大事なことは、お互いが今のつらい状況を言い合えること、そして『そうだよね』と共感することじゃない？忙しいのはあなただけじゃないのよ、と線引きをするのはやめて、その仕事を全部引き取ってあげられるわけではないけれど、つらい気持ちは『わかる!』、それをきちんと言葉として相手に投げかけようよ」

彼女の場合は、「取引先に納期を延ばしてもらう交渉ができない」ということが精神的な負担になり、体調不良や他の仕事に支障を来してしまったのです。そのことを本人から聞いた私は、納期延長の依頼を肩代わりしました。それだけで彼女の心の重しはとれ、残りの仕事を1人でやり遂げることができたのです。

先に進めない原因をひとつ取り除くだけでも、仕事は乗り越えられたりするものです。なぜなら、そのひとつの仕事が重しになって、仕事量以上に忙しい感覚に陥っているだけのこともあるからです。それがなくなれば落ち着いて周りが見渡せるようになり、解決策もおのずと浮かんできます。

話を聞いて共感したり、即座に手をさしのべ合うことができるためには、普段から職場の人間関係が開かれたものでなくてはならないのです。

そのために私たちの会社では、次節で紹介するような緊急度、重要度マトリックスで優先度の高い仕事と時期をそれぞれが書き出して、誰が今何の仕事をしているのかがひと目でわかるようにしています。

可視化されたお互いのタスクを見て、緊急度、重要度の高い仕事が少ない人が多い人の仕事をひとつ引き取り、その代わり緊急度か重要度の低い仕事をいくつか渡すなどチーム内で調整するようにしているのです。つまり、「ここまでが私の仕事（だからそれ以外はやらない）」と線を引かせるのではなく、「ここまでは私ができる仕事（だからやってもいい）」という線の引き直しを柔軟にさせるのが、このマトリックスの役割です。この方法だとお互いのタスク分布の全体像が見えているので、遠慮や拒絶といった問題も起こりにくくなります。

idea 12

手帳と付箋で「仕事のピーク」を把握する！

「先月は急ぎの仕事もなく暇だったのに、今月は、社内のビッグプロジェクトのプレゼンテーション資料の作成に、取引先の新規企画の提案、販促ツールの発注……なんでこんなに忙しいんだろう」とため息……。誰しもこんな経験を一度はしたことがあるのではないでしょうか。

「1分、1時間、1日、1カ月を大切に使っていきたい」——そう考えている方はたくさんいると思いますが、みなさんは、どのように時間管理をしていますか？

週や月ごとで、仕事にばらつきがある場合は、目先の仕事にとらわれすぎて、仕事の優先順位やピークを把握していないからかもしれません。その結果、毎月の仕事が平準化できず、その場しのぎの対応に終始してしまうことになりがちです。

最近では、通信費などのコスト面からだけでなく、業務効率やセキュリティ対策などさまざまな問題から、企業が一括して携帯電話を社員に支給する法人携帯の導入が進められています。

そうした方のなかには、たとえば、iPhoneのスケジューラとGoogleのカレンダーを同期させて、仕事のスケジュールを管理している人も多いでしょう。

しかし、ここでちょっとその画面を眺めてみていただけますか。

画面に見えるのは、その月の予定のみ。人によっては、その週だけという表示に設定していませんか？

これでは、2カ月先、3カ月先のスケジュールがすぐに確認できません。目先の忙しさだけでなく、仕事全体の進捗状況を俯瞰する視点がないと、ある月に仕事の山場がいくつも重なり、相手が満足する仕事の質を保つことができないことにもなりかねません。特に、限られた人員で仕事をしている、欠員補充ゼロの職場では、チーム全員が同じ月に仕事のピークが来てしまうと、互いに自分のことで精一杯で、助け合うこともできません。全員が深夜までの長時間残業……。そして体調を崩す人まで出てきて戦力がどんどん減るといった最悪の状況がもたらされます。

アナログツールで仕事をマトリックス管理

ぎりぎりの人数の職場で、無理なく、ムラなく仕事をこなしていけるようにするために、今日からできる時間管理があります。手帳と付箋を使うのです。

携帯やパソコンなどのデジタルツールには、デジタルならではのメリットは当然ありますが、同時にある意味アナログツールといえる手帳と付箋を上手に組み合わせることで、それ以上の効果を発揮することができます。

手帳と付箋を使うと、仕事をマトリックス管理することができます。次ページの図を見ていただければわかると思いますが、やるべき仕事（タスク）を付箋に書き出し、その都度「緊急度・重要度」を1～4のカテゴリーに分類するのです。手帳のどこかのページにこのマトリックスを作り、自分の仕事を目に見える形で整理するだけでも、自分の仕事状況がすっきり把握できます。

このマトリックスを作ることで、Ｔｏ Ｄｏリストを作っても仕事の能率が上がらないと悩んでいる方でも、問題は、仕事の優先順位を取り違えていることだということに気がつきます。

終わった案件の付箋はそのまま捨てればよいですし、週ごとにマトリックスを確認することで、地下鉄などの電波の届かない移動中のスキマ時間でも仕事の進捗状況を把握することが簡単にできます。

また、手帳には、ウイークリーのスケジュール管理だけでなく、何カ月かいっぺんに見渡せる見開きのマンスリースケジュールや、プロジェクト管理シートなどのついているものもあるので探してみましょう。

付箋で管理する「仕事マトリックス」

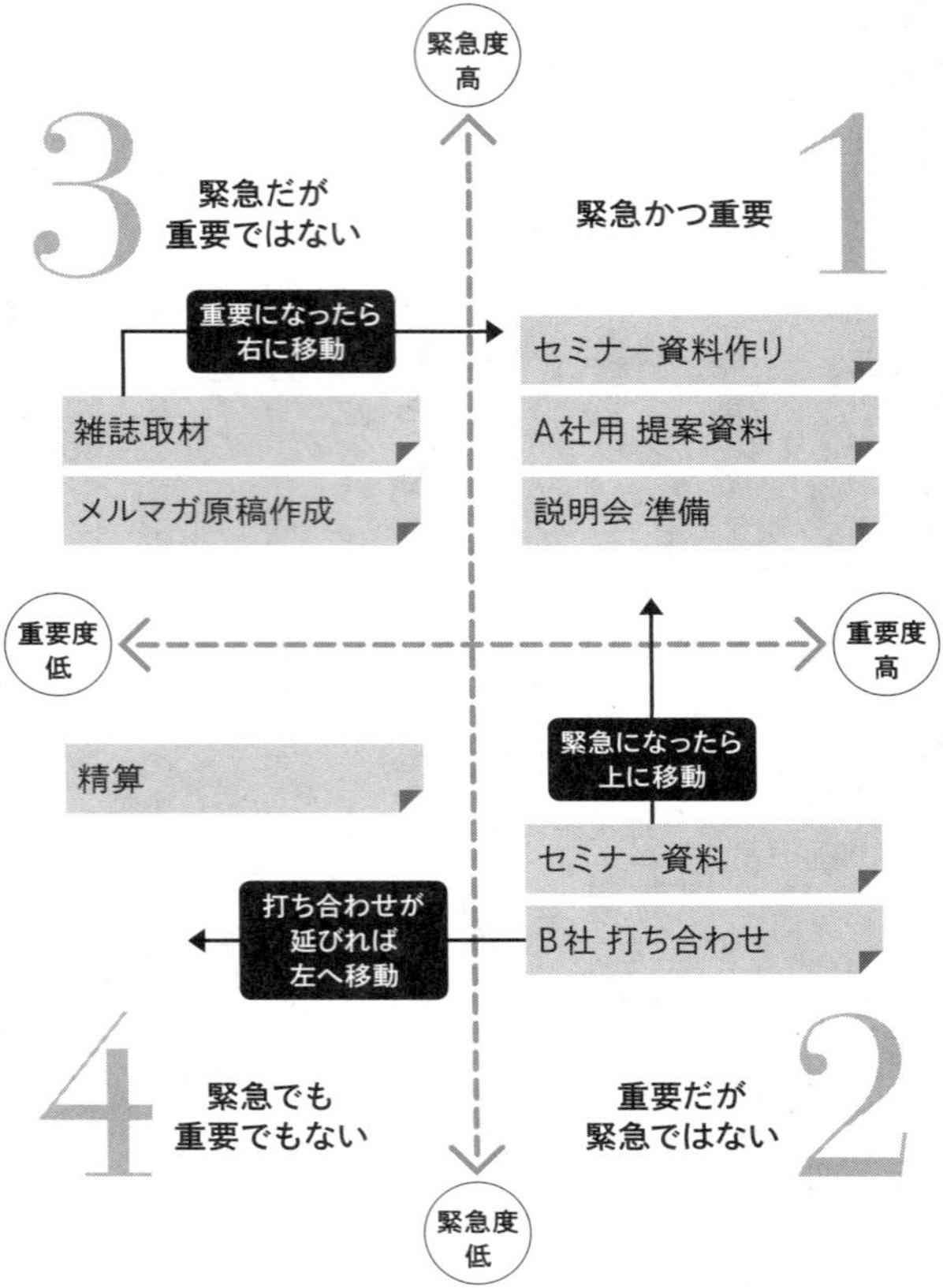

一方、多くの人は、プロジェクト管理シートに大型案件の予定を書き込む際に、始まる日から終わる日までをあまり深く考えずに矢印を引いてよしとしています。これでは、各々の仕事のピークがどこにあるのか曖昧になってしまいます。

3週間かかるプロジェクトといっても、3週間ずっとピークなのではなく、その中でも山と谷があるはずです。それを、ひとつの仕事の中でもその忙しさを3段階で表すことによって、仕事のピークがどこに来るのかをひと目で確認できるようにしておけば、複数のプロジェクトのピークがどこで重なるかを事前に予測し、忙しさの「山」を前もってずらすことも可能になります。

チームとしての段取り力を上げる

原則は、かならず「前へ前へ移動させる」ことです。期日は決まっているわけですから。

ところが、自分の忙しさをきちんと管理・把握していないと、前への移動はできません。

たとえば、11月に山場となる仕事が3つ重なることに10月になってようやく気がつき、慌てて調整しようと思っても時すでに遅し。11月は猛烈に残業になることは決定的です。

でも、前もって3カ月ないし4カ月という長いスパンのスケジュール管理を常日頃から習慣にしていれば、7月くらいの段階で「ああ、11月にピークが来るプロジェクトが3つも重なっているぞ。そのうち2つは余裕のある8月にピークが来るように、今から前倒しでやっておかないととんでもないことになるぞ」と心の準備ができます。

もちろん、前倒しで行うには、取引先に必要な資料の提供を早めにお願いしたり、職場の同僚でその月に手が空いている人に協力してもらったりといった、準備や手配が必要となります。それには、事前にお互いのプロジェクト管理シートを「見える化」して見せ合い、チームで共有化しておく必要があります。まさに、チームとしての「段取り力」が問われるときです。

ひとつのプロジェクトをまとめて管理できるようになると、ウイークリーのスケジュールは無理なく組み込めるはずです。

ここでも付箋は大活躍します。付箋にスケジュールを書くとき、かける時間によって、幅の太さの違うものを使うと、付箋の太さで、30分、1時間、2時間などの仕事の所要時間がどれくらいなのかがひと目でわかります。さらに、予定が変更になっても付箋を貼り替えるだけの手間で済ませることができます。

このように、手帳と付箋を使って、3カ月、4カ月先までチーム全員の仕事の負荷やピークを手にとるように把握しておけば、比較的容易に仕事の平準化を図ることができます。

また、私は手帳に「ホリディリスト」を書きこむようにしています。これは、お正月などに家族と相談して、その年の休暇をどう過ごすか決めてしまうというものです。

年に3回の大型連休をどこでどのように過ごすのかを年頭にワイワイ話し合い、

あらかじめ設定することで、1年間のスケジュールにメリハリをつけることができ、楽しい旅行に思いを馳せて仕事へのモチベーションも維持できるしくみです。

ウイークリーのスケジュールにも、定時の18時に赤線を引き、ワークを緑、ライフを黄色の付箋で毎日を彩って、ライフの予定にウキウキすることで、毎日の働く原動力にしています。

手帳と付箋という誰にとっても身近なツールで、「なんとなく暇な時期」と「死ぬほど忙しい時期」が不定期にやってくるような働き方から脱却し、「ワーク」も「ライフ」も充実させましょう。

idea 13

アルバイトにも会議に出席してもらう理由

売上げがなかなか上がらない企業では、残業禁止などのコスト削減、そして人件費削減のためのリストラなどを、まず始めます。

そうした職場では、足りない人員、間に合わない仕事のために、正社員以外の契約社員やアルバイトを雇って仕事をまわしています。

ところが、社員だけでは仕事がまわらないから人を雇っているはずなのに、朝、出社してきて「私、今日は何をしたらいいのですか?」と聞きに来るアルバイトや契約社員があなたの職場でもいませんか?

コンサルティングさせていただいた企業でも「契約社員やアルバイトをかなりの数使っているのですが、なかなかこちらの思っているようには働いてくれないし、自発的に動いてくれないんですよ」という悩みはよく耳にします。

しかし、これは契約社員やアルバイト側の問題なのでしょうか?

誰だって切り取り仕事は楽しくない

私は、本当の問題は、雇う側が、「今日はこれとこれをやっておいてくれればいい」という、単なる片手間仕事をさせる人間として、期待も寄せずに働かせていることにあると思います。「そんな仕事はアルバイトにやらせておけばいい」という考えで頼まれた仕事を気持ちよくできる人はまずいません。

誰にとっても、切り取り仕事は楽しいものではないのです。

「時給分だけ、日給分だけ働いてくれればいい」と思っていると、その人は時給・日給分の仕事しかしなくなります。それどころか、緊急の仕事をお願いしようとしても、「契約以外の仕事はできません」と、本人にそれ以上のスキルがあったとしても出し惜しみするようになるでしょう。

先日も派遣社員で働いている友人が「わたし本当はＭａｃのパソコンも使えるんだけど、今の職場では余計なことを言うと仕事が増えちゃうから使えないフリしてるの」と言っていました。本人のやる気の問題だと思われがちですが、じつは仕事を頼む側の「時給分、日給分」という「切り取り仕事」の弊害です。

3人で5人分、5人で7人分の仕事をこなさなければならない職場であるなら、契約社員やアルバイトも戦力にしなくてはなりません。

そのためには、たとえ現状の待遇が契約社員やアルバイトであったとしても、「自分も戦力である。職場から期待されている」と自覚することが非常に有効です。

そのためには、与えられた仕事を全うすることが、その人にとってもキャリア形成のスタートにもなることをはっきり伝えるべきです。今アルバイトや契約社員としてやっていることが5年後、10年後、自分が目指すキャリア形成とどうリンクしてくるのか、そのための一歩が現前の仕事であることをしっかり話し合い、現状の仕事をステップアップと捉えてもらうような努力は、企業側からも必要だと思います。「アルバイトは、正社員の補助をしてくれればいい」という前時代的な考え方から抜け出しましょう。

その第一歩として、多くの企業では社員しか会議には出席させませんが、そこから見直してみましょう。遠回りに思えるかもしれませんが、ときにはあえて仕事の全容を把握してもらうために契約社員やアルバイトにも参加してもらってみてください。

こうしたステップが欠員補充ゼロのチームにおいて少ない人数で高いパフォーマンスを上げるには必要です。仕事の全容をつかんでもらうということだけでなく、待遇や立場は違っても、成果を上げるためにあなたの力が必要なんだよ、という「期待」をきちんと会議への出席という「形」で示す意味でも大事なのです。

アルバイトも戦力として考える

「会議は就業時間外にやることも多い」「正社員だけ出ればいい」という声も聞かれますが、常日頃から会議などで仕事の進捗状況や、仕事の全貌を自ら確認して仕事に取り組んでもらったほうがよほど効率的です。少なくとも毎日「今日は何をやったらいいいですか」というような受動的な質問から始めなくて済むでしょう。

また、契約社員やアルバイトは、基本的に時給・日給で働いています。それなのに朝来てから仕事を探すというのではあまりにも非効率です。仕事の理想は、始業時間とともに仕事に取りかかり、終業時間までに主体的に仕事を組み立てることでロスなく働くことです。

これを実現するためには、会議などで仕事の全容を知ってもらったうえで、今自分が行っている業務がどういう位置づけなのかを理解する必要があります。そのときに1日の仕事時間を効率的に組み立てる助けとなるのが、第1章アイデア3で紹介した朝メール・夜（報告）メールの活用です。

朝メール・夜（報告）メールによってスケジュールの管理がスムーズになれば、契約社員やアルバイトの空き時間も把握できるようになります。その日やった仕事の成果を夜（報告）メールで知らせてもらい、翌日にしてほしいことなどを返信して、朝メールにその日の仕事状況を知らせてもらえれば、重要度の高い仕事から率先してやってもらえますし、緊急の用件が入ったときに、どの時間帯の何の仕事を後回しにするのかすぐに指示することができます。

また、本人が仕事の全容や目的をつかむことで適切な優先順位を考えることができるようになるので、「あの人の仕事よりも、こっちの仕事を急ぎでやって」などというアルバイトの取り合いや、重要度・緊急度とは関係のない職位の序列によって優先順位が決まってしまうという弊害をなくすことができるはずです。

戦力になるかは育て方次第

正規雇用ではない人は育成しない、アルバイトに多くは期待しない、では、働く側のモチベーションを上げることはできません。ある企業でコンサルティングさせていただいた際に、生産性を上げるためのチームビジョンを、「急がば回れ」として、社員とアルバイト・契約社員のコミュニケーションにまずは徹底的に力を入れたチームがありました。

まさにそのとおりで、チームとして生産性を高め、欠員補充ゼロ時代で生き残ることができるのは、人を育てようという会社だけなのです。雑用や補助的な仕事をやってもらうだけだと思っていたアルバイトも、育てようによっては、将来正社員として、もっと責任のある仕事を任せたいと思えるような人材に育ってくれるかもしれません。責任の範囲内でベストを尽くして仕事をしてもらうことは、その人の「次のステップ」にも役立つはずです。

今後、育児・メンタル不調・介護などで休業を余儀なくされる人などを含めて、時間や働き方に制約のある社員が増えてくるのは目に見えています。「明日はわが身」、すべての人が「ワケあり」社員になる可能性があるからこそ、正社員もアルバイトもなく一人ひとりを育てないと、会社や組織は立ちゆかなくなってくるのです。

働く側も、どんな立場であれ、待遇であれ、仕事に対して真摯な気持ちでいつも取り組む姿勢が大事です。それが自分の道を切り拓くことになります。

idea 14

「ドミノ人事」でチーム力を底上げする

私が株式会社ワーク・ライフバランスを創業して半年経った2006年末ごろ、立ち上げた当初から、実務を取り仕切ってくれていたナンバー2の社員が出産・育児休業を取ることになり、彼女の仕事はナンバー3に引き継がれることになりました。志は大きくてもまだまだ規模の小さな会社でしたから、ナンバー3といっても当時は経験値の浅い若手社員でした。

引き継ぐことになった彼女は、「こんな大きな仕事、私にはまだ無理です」と何度も訴えてきました。しかし、実際に彼女がその仕事をこなしていかないと、会社が立ちゆかないのも事実です。

私も「彼女が成長するいいチャンスだ！」と思い、全面的に仕事を任せる決断をしました。もちろん、任せっぱなしにしたりはせず、1対1で何度もじっくりと話す機会を持ち、フォローする努力は惜しみませんでした。

すると、数カ月もしないうちに彼女は驚くほど成長しました。「今の自分には荷が重すぎます」と言っていたのに、自ら経営についての勉強を重ね、ナンバー2のやっていた仕事のほとんどをこなせるレベルに達するようになったのです。ナンバー3の成長によって、休業から戻ってきたナンバー2は、以前から構想していた新規事業に邁進することができ、会社としても新たな局面を迎えることができました。

部下の成長を見るチャンス

「ポジションと役割を与えれば育つといわれても、そんなチャンスなかなかないよ」と否定的な人も多いかもしれません。

しかし、人員が補充されない職場であればあるほど、じつはあなたが、そして職場の仲間が成長できるチャンスでもあるのです。なぜなら、欠員が出るということは、誰かの仕事を引き受けることだからです。それが上司や先輩であれば、なおさらやりがいのあるものになるでしょう。

では「ポジションと役割」をどう与えて、人を育てていけばいいのでしょうか？

そのきっかけづくりとして、私は、ドミノ人事・ミニドミノ人事の活用をお勧めします。

もともとドミノ人事とは、アメリカのアウトドアメーカー、パタゴニア社が実施していたもので、空いたポジションに下の職層からチャレンジすることができる（ただし、下の職層と同じ給料のままなどの条件があるので、会社側の新たな負担はない）という制度のことです。

これを利用すれば、たとえばマネジャーが長期休業などをする場合、その下の職位から能力のある希望者を選び、現状の待遇のままで上の職位の仕事を一定期間だけ経験することができます。同じように上の職位にチャレンジしたメンバーの仕事をさらに下の職位のメンバーが担当するというように、ひとつ下の職位の人を上に抜擢し、ドミノのようにポストを上げていくことで職場全体の活性化につなげるしくみです。

日本では従来、部長級の人が休業した場合、別の部署の部長級の人が仕事を兼務するのが一般的でした。しかしこれでは兼務になる人間の負担が増えてしまい不公平感が生まれ、「休業者が出ると迷惑」というネガティブな雰囲気を職場に生み出す原因のひとつになっていました。そして、休む側も肩身の狭い思いをしなければならないのが現状です。

そこで、先ほどのドミノ人事の登場となるのです。

チャレンジする人にとっては、上級職を経験する実地訓練にもなり、また、より多くの権限を持って仕事に取り組むことができ、やりがいも増えます。実績を残すことができた人は、次の人事考課のタイミングで、昇給や、昇進・昇格の対象となったりします。「長期休業なんてはた迷惑」という状況が、「自分がキャリアアップするチャンス」というポジティブなものに様変わりします。

ある大手メーカーの開発部門では、育児休業の代替要員を補充しなかったのですが、このドミノ人事制度に手を挙げて業務をカバーした後輩社員が想像以上の加速度的な成長を遂げたため、育児休業から復帰した社員は新たな開発案件にかかることができ、結果的に部門の「開発力が向上した」ということです。ドミノ人事がうまく作用した例といえるでしょう。

我が社でもドミノ人事が起きた瞬間がありました。

２０１４年11月、私が突然政府から国会に招聘されました。女性活躍推進法案の参考人答弁をしてほしいというのです。しかしその日は我が社が主催する、そうそうたる企業の社長ばかりを20名集めた経営者限定ワーク・ライフバランス勉強会で、私がファシリテーションする役割でした。そして、代理でその役割が果たせる実力のあるコンサルタントのOさんは、当日は総務省職員の女性活躍推進研修の講師をすることが確定していました。

しかし、Oさんが育ててきた後輩コンサルタントのYさんが、「その研修を引き受けます！」と立候補して、見事に満足度100％を獲得しました。そしてOさんは、立派に経営者勉強会のファシリテーションをやりきって、彼女のファンになる経営者も出たほど。

そして私も無事に国会でのプレゼンテーションを行うことができ、かなり思い切ったドミノ人事が発生した1日となりました。

ミニドミノから始めてみよう

日本の場合、部長レベルの長期休業は稀ですし、職位をまたぐドミノ人事はまだまだ抵抗感があるかもしれません。そうした会社や職場では、職位ではなく年次をベースにした「ミニドミノ人事」制度なら、比較的抵抗なく受け入れられるのではないかと思います。

これは、たとえば、入社10年目のメンバーが育児休業を取得する際、その仕事を入社5年目のメンバーが引き継ぎ、5年目の仕事は入社2年目のメンバーが引き継ぐ……といったように、先輩の仕事を後輩がその期間挑戦してみるという試みです。

これによって、いつもは体験できない重要な仕事を任されたり、重要な会議に出席したりし、新たな社内人脈を広げ、経験値を高めることができます。また、ドミノの一番下は引き継ぐ人がいなくなるので、その仕事を職場全体で見直す作業を生じさせます。

見直すことによって、その仕事は捨ててもよいとか、外部委託するほうが費用対効果の面からも得策といったあぶり出しができるようになります。

職場の限られた人員で、100%、いえ120%の仕事をこなしていくために、ポジションと役割を与えるドミノ人事・ミニドミノ人事の活用によって、今いる社員のレベルアップが図れるなら、成長できた社員だけでなく、会社にとってもこれほど好都合なことはありません。

その他にも、ドミノ人事・ミニドミノ人事制度にはさまざまなメリットが考えられます。今までは、休業する人の仕事が休業している1年間ずっとほうっておかれて、復帰したら大変なことになっていた、なんてケースがあったり、逆にすっかり人員配置がなされてしまって戻る場所がなくなってしまったなんてケースもあります。

しかしドミノ人事・ミニドミノ人事の場合は、休む人の分の仕事をしっかりと渡される人がいますのでほうっておかれることはありません。また、本人が復帰したら、全員元のポジションに戻るので、居場所がなくなってしまうということもありません。また、育児や介護などの休業取得を歓迎しない職場も、この制度を積極的に導入することで意識改革ができることなども想定できます。

社員の能力を最大限に引き出すチャンスを与えるとともに、「自分は成長している」という自己充足感を生み出すことができるこの人事制度は、忙しい職場の切り札となるかもしれません。

第3章

働き方は変えられる

idea 15

回り道でも「人を育てる」が勝ち！

人を育てつつ成果を上げている人と、自分だけで成果を上げている人がいたとしたら、あなたは、どちらを評価しますか？

私たちがコンサルティングをしている顧客企業の現場を見ていると、能力の高そうな後輩社員をライバル視して、自分のノウハウのみならず基本的な業務すら教えようとしない職場が多く、そのことでチーム全体の生産性が落ちていることが当初はしばしばあります。

「一人ひとりのメンバーが他のメンバーの育成にかかわるためのしくみはできな

いものか？」

いつしかこの課題が、私の頭から離れなくなっていました。

なぜ、後輩社員を育てないような事態に陥るのかといえば、企業側が人を育てることを評価していないからです。人を育てても、育った人間だけを評価するような体系では、「いつかこの後輩に抜かれてしまうのでは、仕事を教えるのは自分の不利にしかならない」と思ってしまい、後輩を育てようという気持ちを抱かせないからです。

これでは、あとから入ってくる社員はなかなか一人前になれず、職場の戦力になっていきません。

後輩指導を成果にカウントするしくみ

それだけではありません。教える側の人間にとっても、基本的な業務から重要な仕事まで、1人ですべて抱え込まなければならないので、いつまで経っても、仕事が減りません。ただでさえ人数も少ないうえに、仕事を振る相手が育っていないのですから、むしろ仕事ができる人ほど仕事量が膨大に増えるしくみになっているのです。その挙げ句が、「過労死」「メンタル不調」では、職場にとって悲劇以外の何ものでもないでしょう。

そこで提案したいのが「後輩を育てることは先輩社員であるあなたにとってプラスの評価になります」という方針を明確にすることです。そうすれば、できる先輩ほど後輩に仕事を割り振るようになります。なぜなら、仕事ができる人は、じつは自分はもっとレベルの高い仕事に注力したいと思っているからです。そのため、後輩を育てることが評価さえされれば、しっかり育成したうえで、自分でやらなくてもいい仕事は、きちんと後輩に任せるようになります。その仕事ぶりを見て後輩も、「いつかはあの先輩のような仕事がしたい」と思うでしょう。

こうなれば、後輩に仕事を与えながら、先輩が仕事の模範ともなるプラスの循環をし始めます。もちろん、後輩を育てるとひと口に言っても、それほど簡単なことではないのも事実です。上司は、「○○君、後輩の○×君の指導をよろしく」で済む問題ではありませんし、「後輩を一人前にすることが君の評価につながるんだから、がんばりなさい」と一方的に押しつけてもダメです。

また、丸投げすることを仕事を任せることと勘違いしている人もいます。「今日からこれはあなたの仕事よ」と何の説明もなく書類をドサッと押しつけるのでは、「なんだよ、自分がラクしたいから仕事を押しつけてきて……」とか「今でも手一杯なのに、また私の仕事が増えた」と思うだけでモチベーションは下がるだけです。

お互いがお互いを育て合う、育ち合う関係を評価していく形にしなければおそらく長続きしないでしょう。

メンター制の勧め

弊社では、メンバー同士が相互で補完し合い、育て合うということを、評価体系として組み込んでおり、全員メンター（教育係）制というものを取り入れています。

一般的なメンター制は、若手の育成を目的としていますが、弊社ではメンターする側の人間もさらにスキルアップ、レベルアップしてもらいたいので、メンターされる人は、別の人のメンターを務めるといったように、チーム内がお互いにメンターを経験できるような形をとっています。

メンターを担い、メンバーを育てることで、自分自身を振り返り、足りない部分に気づき、さらなるブレークスルーをしてもらうためにもこの制度は必要だと考えています。ただし、役割に対して負担を感じることもあるので、実際に若手が成果を上げたり、チームに大きく貢献したりしたときには、本人よりもメンターをほめ、評価することを忘れないようにすることが肝要です。

このとき大事なのが、最初に9割ほめて、そのあとで1割注意する、という「ほめ9：ダメ1」という手法です。メンバーの力を引き出し、伸ばすには、「怒る」より「ほめる」ほうが大事です。そして、「メンバーをほめるメンバーをさらにほめる」となれば、「ほめ言葉がまわるチーム」に変貌していきます。何よりも職場が明るくなります。ぜひ、一度試してみてください。

弊社ではメンターは半期に一度くらいの頻度で入れ替えていきます。また、1人に対してメインとサブという2人のメンターをつけているのも特徴といえます。これは、仕事のスキルで相談する人、私生活や人間関係などを相談する人など、お互いが補完的な役割を担えるような狙いがあります。

このように相互補完的なメンター制度にすることによって、一方通行的な閉鎖されたものではなく、開放されたしくみとして活用することができます。

時間には限りがありますし、自分1人でできることにも限界があります。しかし、「人を育てる能力」を身につけることで、新たな仕事の受け皿を用意することができます。そうなれば、今度はあなたが成長するチャンスにもなるのです。「急がば回れ」ではありませんが、人を育てることが、結果として、あなたの仕事の満足度・実現度を高めることにつながるのです。

そして、人を評価する側になったときには、ぜひ「人を育てる能力があるかどうか」を一番先に評価してください。人が育つということの最大のメリットは、「会社のキャパシティが広がる」ということです。それは人員を増やさなくても、受けられる仕事、こなせる仕事の量を増やせることを意味しています。

人を育てることが、膨大なルーティン作業を楽にさせ、なおかつ自分の可能性を広げ、新たなチャンスをつかみ取ることに直結するのだったら、まさに「人育ては人のためならず」といえるのではないでしょうか。

idea 16

無理をしてでも部下を定時に帰してみよう

私がまだ資生堂で働いているとき、毎日深夜まで残業をしていたことがありました。仕事を言い訳に友人からの誘いも、興味のある勉強会も、しょっちゅうドタキャンしていたものです。

今振り返ってみると、「がんばっている」という優越感にひたっている自分がどこかにいました。

しかし、そんな私に、「ワーク・ライフバランス」を考えるきっかけを与えてくれた出来事がありました。

当時、私の上司であった課長は、残業している部下を見ると「早く帰りなさい」と言うのが口癖の人でした。

ある日、その上司が部下と飲みに行った帰りに忘れものをしたらしく、ひょっこり社に戻ってきたことがあります。1人夜遅くまで残業をしていた私は、内心「おお、遅くまでがんばっているな」と自分が評価されるチャンスが来たと思いました。

ところが、その上司は、私を見つけるなり開口一番「なんだって、こんな夜遅くまで煌々と明りをつけて、1人で残業をしているんだ」と叱りとばしたのです。

思わず「やらなければならない仕事が山のようにあるんです。それに……」などと口にしながら、心の中では「私の大変さがわからないの？　なんて理解のない上司なんだろう」と憤りの気持ちでいっぱいでした。それでも、「明日から、絶対に毎日7時までに帰れ」と言われ、渋々上司の命令を聞き入れ、毎日残業を切り上げ帰宅することにしました。

もちろん、帰るふりだけをして、会社近くのカフェに場所を変えて仕事は続けたのですが……。

会社を離れるとアイデアがわいてくる

ところが、仕事の場所を変えてみると、周りの風景が目に飛び込んできて、「友だちと久しぶりに夕ご飯でも食べようかな」とか「今日は仕事を早めに切り上げて久しぶりに勉強会に参加してみようかな」と自然に頭の中が切り替わるのがわかりました。

実際に行動に移してみると、友人との会話の中から新たなサービスの展開を思いついたり、企画書のアイデアが浮かんだり、知り合いを紹介してもらったりと、1人では思いもよらなかったほど仕事がスムーズに進むのです。

仕事を早く切り上げることで、かえって翌日の仕事がラクになる。そのことを教えてくれたのが、私を叱ってくれた上司だったのです。

欠員補充ゼロの職場では、精神的にも余裕がなくなり、せっぱ詰まった雰囲気が漂い、定時で帰るなんてありえないという空気が充満しています。たまに早く帰ろうとしても、「上司や同僚が帰らないから、帰りづらいなあ」と、職場に居残らざるをえないこともしばしばあります。

これでは疲弊するだけで、新たなインプットもできなければ、自己研鑽をする時間もとれません。職場という狭い世界が唯一の判断基準になってしまうのは危険な状態です。

上司がしなければならないのは、部下に遅くまで残業をさせることではありません。自らが率先して定時で帰るだけでなく、部下が定時で帰れるような環境を作ってあげることです。そして、目先の仕事にとらわれて、生活者の視点を失い、アイデアに枯渇している部下に、自分とは価値観の違う人たちと接点を持つと新しいアイデアやヒントが生まれることを経験させてほしいのです。

ただし、「早く帰りなさい」と口で言うだけではだめです。定時に部下を帰すためには、上司に求められることがあるからです。

「捨てる仕事」がわかればスピードが上がる

まず、仕事のしくみを変える必要があります。たとえば、今まで上司は部下への仕事の指示とやるべきことを指示していれば事足りていました。しかし、高付加価値、効率化、スピードが要求される時代においては、部下に対して捨てるべきことについても的確に指示することが大事な役割となります。

部下を定時に帰すために、仕事に優先順位をつけるということは、上司の力量が試されているのです。捨てる指示ができない上司は、仕事の優先度がつけられない上司です。自分の部署の売上げに一番インパクトのある仕事はこれ、人的補充もない現状では切り捨てたほうがいいインパクトのない仕事はこれ、といった具合にきちんと差配できるには、ある意味仕事に精通していることが求められます。

また、**仕事を平準化して全メンバーを活用する**ということができない人が上に立つと、できる部下に集中的に仕事を振り、できない人は就業時間中も暇をもてあますという、温度差を生じさせてしまうことになりかねません。そうなると、定時で全員が帰るということなど絵空事となり、いつまで経っても職場の不公平感はなくなりません。

部下を定時に帰すという観点から捨てる仕事をあぶり出し、メンバー間の仕事を平準化することで、今までバラバラに担当していた仕事を一本化できることもあるはずです。また、職場のパフォーマンスが低いのは、じつは人がいないことにあるのではなく、もっと根本的な原因が隠されていることに気づくチャンスにもなるでしょう。

これからの上司に本当に必要なスキルは、部下が最速で最適な仕事ができるインフラを整えてあげることです。それは仕事に優先順位をつけさせることであってもいいですし、他の人への仕事の任せ方でもかまいません。単純に、システムのバージョンアップで済むこともあるでしょう。じつは欠員が出るときなどは、仕事のインフラ改善をするいいチャンスです。

欠員となる1人がやっていた仕事を残った人間が引き受けつつ、それでも定時に帰るにはどうするか。これは一人ひとりのがんばりでは実現できない高い目標なので、仕事のやり方、配分の仕方、優先順位のつけ方を変えざるをえません。

仕事のやり方を変えることによって生み出されたライフの時間を使って、積極的に自分の世界・視野を広げ、一生活者としての視点でさまざまな体験をし、いざというときのための人脈づくりに取り組めるような働き方を促すこともこれからの上司には重要な務めです。

idea 17

「成果」を正しく定義する

バブル崩壊以後の日本経済の長引く不況によって、リストラや給与削減などの一連の流れの中で、人事考課をする際に新たに成果主義が取り入れられてきました。

しかし、多くの企業が採用した成果主義が、現状ではうまく機能しているとはいえません。成果主義そのものをやめてしまった企業も多数あります。

というのも、日本では「誤った成果主義」を導入している企業が多く、当初狙ったような、できる人間に高い評価を与えることで、モチベーションが最大化するという成果が出ていないからです。

どのように間違っているのかというと、日本では「月末や年度末（期末）に、1円でも多く売り上げた人間に高い評価をつけるのがシビアな成果主義だ」と思われていますが、欧米で従来から行われている成果主義は「同じ時間内で勝負させた場合にどちらが多い売上げを上げているのか」。つまり、「時間当たり生産性」をシビアに見ているのです。

ところが、日本の導入している方式では、月末や年度末といった、「期間当たり生産性」で見ますから、深夜に及ぶ残業時間を投入してでも、山の高さを一番積み上げた人が一番高い評価を得るということになります。残業代のコストが膨大にかかっていて利益が出せていないような人でも一位になってしまいます。

今までこうして膨大な時間をかけて成果をひたすら積み上げる方式で社員を競わせてきましたが、職場では、育児や介護などで物理的に限られた時間内でしか働けない人も内包しながら日々の成果を上げなくてはなりません。

なぜ不公平感がなくならないのか

こうした状況にあって、膨大な仕事をこなしていくには、本当は時間当たりの生産性を高めて、本当の成果主義で評価することにより、時間当たりの生産性が高い人に高い評価をつけなくてはなりません。

ところが誤った成果主義で評価されている場合は、時間制約のない社員は「時間のある限り投入し、自分の成果・業績を他の人よりも1センチでも高く積んでおこう」という働き方を続けてしまいます。

こうして、職場に不公平感が充満していきます。仕事をいかに効率よくこなしたかではなく、「残業できないから評価されない」といった誤った評価基準が持ち込まれているからです。

ここで、よくよく考えてみてほしいのですが、日本人の人件費は、今や世界一の高水準です。毎日の残業代はもちろんのことですが、残業時の光熱費、終電がなくなればタクシー代などの支給も含めると、社員を残業させるということは、じつは企業にとって目に見えないコストが膨大にかかっているのです。

また、過度な残業をすれば、睡眠時間も削られ、社員の体調にも影響が出てくるでしょう。長時間労働とメンタル不調には相関性があることは厚生労働省のガイドラインでも指摘されていますが、メンタル不調になれば残された職場の人たちはさらなる仕事が降りかかり疲弊します。それだけでなく、過労死として訴訟にでも発展したら、会社にとっては莫大な時間とお金の損失やブランドの失墜に直結します。

成果を上げるという錦の御旗のための長時間労働は、会社にとっては赤字の垂れ流し以外の何ものでもありません。

成果を正しく評価するためにも、時間当たりの生産性をもっとシビアに見ていく必要があります。

もともと本来の成果主義は時間当たりの成果です。同じ成果であるなら、短い時間で成果を上げたほうが評価されるしくみといえるでしょう。

これなら、「残業ができない私はいつまで経っても評価されない」と思っていた、時間に制約のある人のモチベーションを下げずに働いてもらうことができます。

成果を数値化するのは「社員の処遇（給与）に差をつけるため」ではなく、「職場を活性化し、企業そのものを発展させるしくみを作るため」であると捉えることが必要です。成果主義の正しい運用をすることで、社員のモチベーション維持につながり、企業の発展を支えていくことになるわけです。

貢献の度合いで評価する

そのためには、「毎日残業をしてでも成果が出れば高い報酬を与える」というニンジンをぶら下げるやり方から、定時で帰れる職場でありながら、個々のモチベーションを高く保つやり方にシフトする必要があります。

たとえば、情報を常に見える化し、自分以外の人もすぐに使えるようにしている人をきちんと評価するしくみを導入する。自分のスキルやノウハウをマニュアルにして職場で共有したり、仕事を移管することで自分が新たな仕事を生み出す時間を作り出したりすることを評価基準に入れることも有効です。

さらに、後輩を指導した人にもきちんと評価のポイントをつけるしくみを構築する。こうした評価基準の設定、変更は、何年もかかるような難しいことではなく、やろうと思えば来期からでもできることです。

人は何の得にもならないことはやりません。しかし評価につながることには積極的に取り組みます。育児や介護などで物理的に残業ができない人にとって、時間は心理的な負い目になっています。しかし逆に、人に情報を残すこと、共有すること、自分のスキルを託し、人材を育成して一本立ちさせることが、自分の負荷を軽減するだけでなく、職場の力にもなることを理解してもらえれば、彼らのモチベーションも維持できます。

評価というものが、社員一人ひとりの能力のレベルアップを図るものでなければ、やる気を引き出すこともできません。それには、公平な評価体系を構築することが大切です。

なにも高額な報酬だけが、社員のモチベーションを支えているわけではありません。「あなたは評価されている」ということがきちんと言葉で伝えられ、与えられるだけでも十分やる気の源泉となるのです。

idea 18

会議や営業訪問を「費用対効果」でカウントする

「費用対効果」という言葉は、ビジネスマンであれば一度は耳にしたことがあると思います。支出した費用に対して得られる利益（効果）のことで、企業が何かに投資する際の判断基準として使われるのが一般的です。

しかし、費用対効果は企業だけの問題ではありません。これからは、個々の社員の費用対効果についても考える必要が大いにあると思っています。

では、あなたの仕事に対するコストパフォーマンス、時間対効果はどれくらいでしょうか？

会社は、あなたが職場で仕事をする、会議をする、商談に出向くといったすべての時間に対して賃金を支払っています。当然、その効率（成果）が求められるのは言うまでもありません。

不況のうえ、付加価値の高い商品・サービスが求められる昨今、あなたがひとつの仕事を成し遂げるために、会社が払う賃金、光熱費、交通費などが、仕事の成果と見合ったものであるかが、ますます厳しく見られるようになるのは必至です。

また、たとえ高い仕事の成果を出した人でも、その過程において膨大な残業代や接待費などがかかっていたのでは、費用対効果という観点からはまったく評価されないでしょう。

ムダな発言にもお金がかかっています

ＮＴＴデータでは、会議などを行う際、プレゼンテーションのプロジェクター画像の横に、カウンターが一緒に表示されています。

これは、「ミーティングタイマー」と呼ばれるもので、1秒ごとにかかった時間に対する人件費を算出して「見える化」したものです。このカウンターは、その会議に出席している部課長、社員など役職ごとの人数を入力するだけで自動的に1秒当たりのコストが算出され、リアルタイムに金額表示ができるしくみになっています。

「ミーティングタイマー」が導入されてから、NTTデータでは、「今日の会議は、課長と部下2人で1時間かかったから、コストは1万5000円になった。これだけのコストがかかっているのだから、それに見合うきちんとした結果を出さないと……」といった具合に、コスト意識を高めるとともに会議への集中力なども増し、ムダな発言、人が省けたそうです。

NTTデータ以外にも、たとえば、楽天には会議に来る人の数を半分に、会議の頻度と時間をそれぞれ半分にする「会議8分の1ルール（1／2×1／2×1／2）」というルールがあります。これによって「念のため同席」という人員のムダも省けますし、会議の効率化によって外部会議室を借りる利用料も大幅に削減できたそうです。

また、ある企業では、会議に持ち込む資料は「A4判2枚以内」というルールを設けることで、資料も端的にまとめられるうえに、プリントして配布する枚数も減り、コストの削減につなげました。

弊社でも、会議のアジェンダ（検討課題）を作成するときにかならず各議題の横にそれにかける時間も記入し、その時間内で終わらせる「タイマー会議」を実施しています。これによってムダな前置きはなくなり、決められた時間で相手に理解させるためのプレゼンテーション力の底上げにもなっています。

こうした会議における人員コストは比較的容易に意識しやすい例だと思いますが、取引先などの社外に対して、どのくらい自分は費用対効果を上げているかを意識するのは簡単ではありません。

ただ、2人の営業担当者がいたとして、1人は、いつも取引先から就業時間後に呼び出され、しかも担当者のみにしか話を聞いてもらえず、もう1人は、午後の早い時間帯にアポイントをもらうことができ、しかも、決裁権を持つような先方の上司も同席しての商談だとしたら、どちらが費用対効果が高いのかがわかります。

この場合、当然後者のほうが費用対効果が高い人材だと言えますが、それは、もともと本人が相手（取引先）に提供してきた情報・メリットの量が要因となっています。

担当者のみの対応しかしてもらえない人は、日頃から自社の新商品の説明と値段交渉しかできない人だと思われている可能性が高く、それに対して、上司も同席してもらえる人は、日頃から業界の分析や、取引先にとってメリットとなるような情報をたくさん携えて訪問しているのです。

「この人と会うのはメリットがある」から、相手もきちんとした対応をしてくれるのです。だからこそ、時間的にも取引的にも優先順位が高くなって、さらにいい商談が引き出せるという、好循環を生み出すことができるのです。

直接の決裁権を持たない担当者の対応しかしてもらえない人は、「この件は上司に相談してから決定したいので、後日連絡いたします」と言われてしまったら、話が先に進みません。

一方、決裁権を持つ上司が同席している場合、その場で基本的な合意を取り付けることができます。となれば、一度で話がまとまり、あとはメールや電話などのやりとりが主となり、再度の訪問はしなくて済みますから余計な仕事をすることもなく、効率的な仕事ができます。時間当たりの生産性、費用対効果という観点からいっても、2人の営業担当者の間に歴然とした差があることは明白ですね。

「営業なら1軒でも多く回れ」「お客様に忘れられてしまうから、こまめに顔を出せ」と叱咤激励する上司もまだまだいるようですし、一見、多くのお客様に声かけしたほうがチャンスも増えるような気がします。しかし何の戦略もなく、ただお客様に「こんにちは〜」とあいさつして、相手の雑談につきあって20分ほど無為な時間を過ごし、商談の糸口もつかめないまま、「では、今日はこのへんで」となってしまったのでは、あなたの仕事は一歩も前に進みません。自分の時間だけでなく、お客様の時間もムダにしているのです。

アポイント前に戦略を立てよう

どうしたらこのような事態を避けられるのでしょうか。まずは、お客様のところまで行ったのに、交通費のムダ遣いをしただけに終わってしまわないように、商談の前にはきちんと戦略を立ててから臨んでみましょう。

たとえば、ひとつの商談が終わったら、次のアポイントに向かう前に、今回の商談のまとめと次回訪問への課題を書き留めておくのに5分、携帯電話などに緊急の案件が入っていないかの確認に5分、そして、ここが一番大事になりますが、次に向かう商談に対して、「今日はこの3点はかならず提案しよう」といった戦略を立てるのに5分、といった戦略時間を持つことです。トータル15分もあれば十分です。長すぎてもよくありません。

商談前後のスケジュール管理を徹底させることで、仕事の勝率を上げるコミュニケーション、プレゼンテーション力が徐々に身につきます。

一方、頭の中も資料も整理しないまま、行き当たりばったりのその場勝負に出ると費用対効果が低い状態が続いてしまいます。

勝率を上げ、何度も商談に通わなくて済めば、経費が削減できるだけでなく、空いた時間で精度の高いプレゼン資料を作成することができ、そのことでさらに仕事の勝率が上がれば、ますます少ない時間で高い成果が出せるという好循環になります。それこそが、少ない人数でも、定時内で成果を上げる職場への近道となるのです。

idea 19

「段取り力」が残業を駆逐する

「毎日遅くまでがんばっているのに仕事の成果が上がらない」「今日は子どもが熱を出しているので定時で帰らなければならないのに急な仕事を頼まれた。職場の同僚に迷惑をかけられないので、断るに断れない」「プレゼンの資料を作っても、上司にいつももっとわかりやすく説明しろと言われてしまう」

こんな人は、もしかしたら締め切りを含めたスケジュール管理や、相手を理解するコミュニケーション能力、上司や取引先が求めているものを察知して形にするプレゼン力などを磨くことで解決できるかもしれません。

「明日の何時までですか？」と聞く

あなたは上司に「明日までにこの書類をまとめておいてくれ」と言われたとき、どんな対応をしていますか？　忙しくても受け取って、徹夜してでも翌日の朝までに仕上げますか？　それとも、その場で「明日の何時までに仕上げればいいでしょうか？」と、締め切りの時間まで確認しますか？　また、なぜその時間なのか、何に間に合わせたいのかまで確認していますか？

限られた時間内で成果を上げるためには、いかに仕事の段取りをつけるかが重要になります。あなたは、上司にお願いされた仕事以外にも、たくさんの仕事を抱えているはずです。その仕事の中には、上司から依頼された仕事よりも緊急度の高い仕事だってあるでしょう。そんなときでも、「上司に頼まれたものだから仕方がない」と言って、その仕事を優先させてしまっては、業務に支障を来すことも考えられます。

上司に「明日まで」と言われて、それに何の疑問も抱かず仕事をする人は段取り力がまだまだ不足しています。

では、上司に仕事を頼まれたときに、どんな受け答えができるのが「段取り力」のある人なのでしょうか？　締め切りの時間まで聞いた人は、かなりいい線までいっています。あと一歩がんばってみましょう。締め切りの時間を確認するだけでなく、自分が抱えている仕事と照らし合わせて、「現在、明日締め切りのAという仕事を抱えていますが、どちらを優先してやったらいいのでしょうか？」と、自分が今受け持っている仕事を、常にオープンにしながら指示を仰ぐことが、段取り上手の仕事のやり方です。

仕事を進めるうえで、事前の準備がいかに重要かを表現した「段取り八分」という言葉がありますが、段取りをきちんと怠りなくしておけば、その仕事の8割は完了したも同然でしょう。

仕事の段取りが悪い人は、仕事の受け取り方などに問題があることが多いようです。上司から仕事を依頼されたら、その場でメモを取りながらアウトプットをイメージし、上司と共有しましょう。その際、「だいたいA4で4～5ページくらいのボリュームで、半日仕事でしょうか」と、書類の量と時間の目安もさりげなく聞き出しておくのです。

人間関係の段取りという面においては、育児や介護など家庭の事情を抱えている人は普段からある程度プライベートの事情を職場で話題にしておくと、周囲も心の準備ができているので急に早退ということになっても受け入れやすく、フォロー体制が取りやすいのです。もちろん、そのときは当然という顔をするのではなく、「みなさんの協力のおかげで、今日はお先に失礼させていただきます」と、感謝の気持ちをきちんと言葉にすることも大事です。

プレゼンの資料づくりにおいては、1人で何でも最後まで仕上げようとしないで、上司やプレゼン先のチェックを入れるタイミング＝ミニ締め切りを設けて、確認を取りましょう。最終の締め切りの前にいくつかのマイルストーンを設定することで仕上がりの質が確保できるはずです。

未消化分を残業で取り戻そうとしない

先を見通す力も段取りの基本です。毎日の仕事に追われ、目の前に仕事が山積みになっているからと緊急度も重要度も顧みず取りかかってしまうと、始めたあとから他の仕事のほうが大切なことに気がついて、「時すでに遅し」という状態に自分を追いやってしまいます。

いつもその日・そのときの都合で動いていると、効率よく定時の時間内で収まるように組み立てて実行することができず、結局消化しきれなかった分を残業で処理するようになってしまいます。

段取り力がある人とは、交通整理ができる人のことです。つまり、仕事に取りかかる前に優先順位を明確にすることができる人です。

仕事の優先順位がつけられるようになると、自分1人でこなせない仕事は早めに誰かにお願いしたり、上司に相談したりすることができるようになります。これによって、ミスやトラブルを未然に防ぐきっかけにもなるのです。欠員補充ゼロチームでは、ミスやトラブル対応で手が取られることが一番怖いので、そもそもミスやトラブルを未然に防ぐ段取りが必要なのです。

労働時間を増やさず、会社の業績を維持・向上させていくのに「段取り力」は欠かせません。これからはますます、少ない時間と少ない人員で、今と同じかもしくはそれ以上の成果を出すことが要求されます。

そうなると、じつはライフの充実が必要となってくるのです。段取り力で生み出した時間、節約して浮いた時間を、ライフに投入しなくては、今より高い成果にはつながっていきません。よく段取り力をどんどん上げていって、単に効率的にスピーディーに仕事をすることができるようになることをゴールに置いている人を見ますが、そこが本質ではありません。**それで浮いた時間をどう使うのかということが重要なのです。**

生活者視点こそこれからのキーワード

物質的に豊かになりすぎた今の日本では、付加価値の高い商品・サービスでないと、目の肥えた消費者に相手にされませんが、新たなサービスやヒット商品に必要なアイデアやオリジナリティーは、職場に長時間座っているだけでは培われません。会社で過ごす時間以外でどれだけ情報収集やスキルアップ、人脈づくりに努めたか、「生活者の視点」を磨く体験をしているかが、アウトプットの質を左右します。

「上司はこういうのが好きだから」「あの取引先は、こういう企画が通りやすい」という旧態依然とした視点では、斬新なアイデアは出てきません。多様な価値観を知るには、多様な人と出会う必要があります。そして、一番刺激を受けるのは、未知の世界なのです。

雑誌の特集で取り上げられた街を初めて訪れてみたら、予想以上におもしろい場所で何度も旅行するようになった、友人が話していた映画や小説に興味を持ち、目を通してみたら自分の世界が広がった、そんな経験をしたことはありませんか？

自分の興味だけに縛られていたら、見過ごしてしまったかもしれない出来事が、自分の引き出しを増やしてくれることになるのです。会社にいて毎日残業では、引き出しは一向に増えていきません。引き出しが増えないだけでなく、今ある引き出しも空っぽになっていきます。インプットなくしてアウトプットなし、です。

「毎日定時に帰る」つもりで仕事の段取りを整えていく。そして、生み出した時間を豊かなプライベートライフに使うことで、アイデアがわき、企画力がアップし、プレゼンの勝率も上がり、さらなる時間が生み出されて人生そのものが豊かになる。

毎日の仕事の段取りを考えるということは、結局は、人生の段取りを考えることにほかなりません。

idea 20

「長距離ランナー」としての働き方

私はマラソンが趣味で、42・195キロを完走したこともあるのですが、ペース配分を間違えてしまうと、前半からオーバーペースで脱水症状を起こし、失速するか途中でリタイアすることになってしまいます。リタイアしないまでもゴールにたどり着くころには息も絶え絶えでマラソンを楽しむどころではないでしょう。

真の長距離ランナーは、スタートからゴールまで自分の走りをイメージし、どこでスパートをかけるのか、どこで水分補給をするのか、さまざまなシチュエーションを想定して走ります。だからこそ、不測の事態が生じても、慌てず対応できるのです。

仕事も同じです。

目先の仕事に飛びつき、優先順位など後先考えずに、息継ぎもしないで一気に仕上げようとする。そして、次の仕事が来たら、また同じことのくり返し。これでは、息が上がってしまうだけでなく、毎回全力疾走する疲労が蓄積して、ついには何も手につかなくなってしまうことにもなりかねません。

オーバーペースは成果が出ない

このようなやり方には、うずたかく積み上げられた仕事の山を次から次へとこなしていくだけの、終わりのない長時間労働が待ちかまえているのです。とにかく走り続けて、残業が当たり前という働き方にはリスクがついてまわります。厚生労働省の調査によると、残業時間が月60時間以上になると血圧の上昇がはっきりと見られ、80時間以上になると心筋梗塞の発症が高まると報告されています。

また、睡眠不足による仕事のミスや事故の増加、メンタル不調に陥る人も急増しているそうです。メンタル不調にまでならなくても、毎日終電の帰宅では、妻の育児の話に耳を傾ける時間もなく、家事の分担もままなりません。そのままの状態を放置して、妻が産後うつになったり、体調を崩したり、挙げ句に家庭の崩壊に至ることにでもなったら、もう仕事どころではなくなるでしょう。

こうして自分や家庭のマネジメントもできない人が、職場のマネジメントだけ上手にできるということはないのです。職場のメンバーの健康を犠牲にしたマネジメントにつながってしまいます。

仕事のやりかたや優先順位を見直さずに、仕事の山は残業で片付けるといった働き方をするのは、ペース配分をまったく考えないでマラソンを走る集団のようなものです。

その結果、過労で社員がメンタル不調となり休業するようになると、休業者1

人当たり年間400万円以上のコストがかかるという試算があり、企業側でもこれは大変深刻な問題となっています。こんなときこそ、落ち着いてマラソン全体のペース配分を考えて、しっかりと成果を出さなくてはいけません。

サステナブルな働き方

全力疾走タイプの社員が目の前の仕事を片っ端から片付けていく姿は一見、仕事のできる頼もしい社員に見えますが、その分、疲れて使い物にならない時間帯があったり、体調をいつも崩しがちだったりします。**こんな風に働き方に波があって、成果にムラがあるような不安定な社員は、今や、会社にとってもっともリスクの高い社員といえます。**優秀な社員に仕事を集中させるようなやり方をしていると、その社員がつぶれてしまうことも考えられます。

つまり、今の時代に求められるのは、「時間や感情をマネジメントして、安定して仕事ができる」社員なのです。情緒が安定していて、確実に一定の業績を上げている人。周りと協調して、周囲の力を引き出すことのできる人。短い時間で集中して成果を出し、仕事以外のインプットの時間を確保することのできる人、このような人たちが、欠員補充ゼロの厳しい環境には必要な人材なのです。

レースの全体を見渡してしっかりペース配分のできる安定した社員には仕事が振りやすいし、どのくらいで終わらせられるか見当もつきやすいからです。また、仕事を1人で抱え込みすぎる心配もないので、安心して大きな仕事も任せられます。

これからの職場を支えるのは、長距離を無理なく、ムダなく、ムラなく走り切る人です。これこそが、長距離ランナーとしての働き方であると思います。

長距離選手はチームで成果を出す意識がとても強いのが特徴です。チームで成果を上げることができれば、その職場は、現在から将来にわたって成長し続けることが可能なサステナビリティ（持続可能性）を持ち合わせることにもなるでしょう。

このサステナビリティこそ、人員の補充もなく、仕事も減らないストレスフルな職場になくてはならない考え方なのです。

そして、チームとして成長していくことができる職場に変貌できれば、定時で退社しながら業績を残すことができます。そして、職場全体で仕事が早く終わるようになれば、みんながライフの時間の充実を図れるようになり、ますます組織の底上げになります。

労働力人口が少なくなっていくなか、一握りの優秀な人材確保に新たに奔走するよりも、今いる職場の人間を長距離ランナーに育て、「人財」としてプールしていくことが、じつは企業にとって最善の方策であり、欠員補充ゼロ職場の生き残り戦術でもあるのです。

idea 21

「イクメン」が増えれば職場が変わる！

ここ数年で、育児を積極的に行う男性を指す「イクメン」がだいぶ浸透してきました。最近では、さらに「カジメン（家事に積極的に参加する男性）」や「イクボス（育児する部下に理解の深い管理職）」という言葉もあるようです。

共働き世帯が増え、仕事も育児もともに協力して行うという家庭は増えています。また、その後押しをするために、男性が育児休業を取得すると、夫婦で取得できる育児休業期間が2カ月延びるといった制度を利用し、育児休暇を取って積極的に男性が育児を担えるようにしようという働きかけも行われています。

たとえば、厚生労働省は、「育てる男が、家族を変える。社会が動く」というキャッチフレーズを掲げ、「イクメンプロジェクト」を立ち上げ、男性の育児休業を社会全体で応援していこうとしています。私もその「イクメンプロジェクト」推奨メンバーの1人に選ばれ、2010年からお手伝いを続けています。

このプロジェクトは、男性が育児を楽しみ、その楽しみを通して自分自身を成長させながら、さらにパートナーである妻の生き方、子どもたちの可能性、家族のあり方を見直していく。それがひいては社会を豊かに成長させることになる、ということを自覚してもらおうという狙いがあります。

「イクメンの星」という表彰制度もあり、毎月イクメンエピソードを募集していますので、我こそはという方はぜひ目指してみて下さい。(http://www.ikumen-project.jp/index.html)

絵本の読み聞かせなどを推進して父親の育児支援を行っているNPO法人ファザーリングジャパン代表の安藤哲也さんも「仕事ができる男性は、育児も楽しめる」と言っています。忙しくても時間をやりくりして育児に参加する人は、そのやり方を仕事にも応用しているはず。結局は、質の高い生活が、質の高い仕事につながるのです。

不都合の中にビジネスチャンスがある

仕事仲間に迷惑をかける、育児をしている男性は仕事ができないと思われるなど、一歩踏み出せない言い訳を挙げるのは簡単です。しかし、育児や地域のボランティアをすることによって、会社とは違ったタイプの人たちと交流ができたり、悩みなどを相談したりしているうちに、現代社会が抱える問題をまな板の上に載せることができるかもしれません。

職場以外の社会に積極的にかかわることで、「不便」「不都合」「不具合」「不満」「不快」など「不のつくコト（不コト）」が見えてくるはずです。それが新企画の礎になったり、顧客のニーズであったりするのに気がつくようになるでしょう。

ただし、休暇を取って育児をしたい男性は多いものの、収入（給与）が下がる、会社の評価が低くなるといった理由から、まだまだ日本における事実上の「イクメン」は少数派なのも現状です。

これは数字からも明らかになっています。

厚生労働省の調べによれば、約3割の男性が「育児休業を取得したい」と希望している一方で、実際の取得率は2・03％にとどまっています（2013年度）。

また、日本の男性が家事・育児をする時間も他の先進国と比較して最低水準となっています。

そこで、厚生労働省では、男性の育児休業取得率を現状の1・72％から2017年度には10％に、2020年度には13％に上げることなどを目標に掲げ、ワーク・ライフ・バランス（仕事と家庭の調和）の実現に取り組んでいます。

2009年には、男性も子育てしやすい社会の実現に向けて「育児・介護休業法」を改正しました。この改正によって、夫婦で育休を取得すると、その期間が2カ月延長できる「パパ・ママ育休プラス」制度の導入をはじめとして、男性が育児休業を取得しやすい環境づくりの第一歩が踏み出されたのです。

2014年には育児休業給付金が67％となり、本人分の社会保険料も免除されるため、休業前の手取り額の約8割が支給されるようになりました。

時間に制約のある働き手が増える

「24時間戦えますか」というキャッチコピーが流行ったのはバブルのころですが、欠員補充ゼロ、仕事量増大、残業は当たり前の24時間体制職場では生産性が著しく低下しています。そして、育児や介護などで長時間働けない時間制約のある人は、残業ができないという理由から評価を下げられることになり、働く意欲をなくしかけています。

また、2007年に団塊世代が一斉に60代に突入し、大量に定年退職したのが「2007年問題」といわれましたが、彼らが2017年には一斉に70代に突入するので、要介護者が激増すると考えられます。

当然、働きながら親の介護をするという何らかの制約を持った人が組織の大半になります。男性管理職も親の介護で休む、短時間勤務になるというケースが既に各企業で起きてきています。仕事時間に制約を持つだけでなく、そのことで評価が下がれば、モチベーションダウンして、難度が高く、責任の重い仕事を断るようになるでしょう。そうすれば残りの時間制約を持たなかった人はそのすべての仕事を請け負うことになり、過労死寸前状態になるのも火を見るより明らかとなっています。

「働いた時間でやる気をはかる」、今のような評価体系だと10年後は大半の人がモチベーションダウンする、ということです。これでは、職場力を最大化するどころか、職場が解体してしまうでしょう。

しかし、職場全体の働き方を見直し、時間当たりの生産性をきちんと評価することによって、時間制約のある人たちもモチベーションが維持できるとともに、時間制約のない人たちも長時間労働から解放され、仕事の効率を上げることができます。

職場全体での働き方の見直しの例をいくつか紹介してきましたが、１００社あれば１００通りの取り組み方があるのです。

たとえば、そもそも仕事が終わっても帰りづらいような風土が全社的にある企業には、「8（ぱっ）と帰ろうデー」「毎日ノー残業デー」など、決められた日や時間には一斉に帰ろうという施策が風土醸成に有効ですし、上司から見てなぜ残業が多いのか理由がわからない、また若手に残業が悪という意識が低い職場には「トランプ残業申請（残業時間分のトランプカードを、残業理由を説明したうえで、承認されれば上司に受け取ってもらえる制度）」「ストラップ残業許可（上司に残業理由を説明し、承認された人だけが『残業可』と書かれたストラップを受け取り、残業できる制度）」などがわかりやすいようです。

それ以外にも、昼の時間帯は電話や話し声などで職場が騒がしくて集中できないので、深夜になってから大切な企画書を作るような人が多い職場では「集中タイム（毎日決まった時間帯は私語厳禁で集中しないとできない業務を行う）」や「集中ルーム（防音のルームを2時間単位で使うことができ、集中して作業を行うことができる）」を造ります。

業務の見える化ができておらず、コミュニケーションが希薄で、人材を育てるしくみ・助け合うしくみがない職場には「朝メール・夜メール」「マルチ担当制」「全員メンター制」「業務・スケジュールの共有・マニュアル化」などが有効です。

それぞれの職場には特殊な事情があっても、その事情に合わせた取り組み方はきっと見つかるはずです。自分でできること、働き方に合った方法をまずは試してみてはどうでしょうか。

こうした取り組みにより、一人ひとりが効率化を図ることによって、ムダが省け、欠員補充にも目が向き、多様な人材が適材適所で能力を発揮できる組織になります。

企業戦士の骨を会社が拾ってくれた時代は終焉しているのです。あなたの人生を最後まで一緒に評価してくれるのは職場ではなくて家族です。家族を犠牲にして働き、会社に尽くしても、会社は定年後にずっとほめたたえてくれたりはしません。

10年後にも社員のモチベーションが高いまま、継続して利益を上げられる職場であるためには、時間的な制約があるなしにかかわらず、全社員の働き方を見直し、ムダと無理のない組織に生まれ変わることが急務です。

単能職から多能職へ

職場の人間全員が、短距離ではなく長距離ランナーとして元気で走り続けるためには、1人がひとつのことしかできない単能職から、他の人の仕事も必要に応じてこなせる多能職になっておく必要があります。

個人に仕事が属している限り、その人が辞めたらすべてゼロになり、また最初からやり直しとなります。今までは仕事を細分化して属人化させるやりかたを進めてきた企業が多かったのですが、3人で5人分の仕事をこなすには、お互いがさっとフォローしあえるように、常日頃から多能工化しておくことが大切です。そうしてあらゆる社員を戦力化できる企業だけが、多様な価値観、短いサイクルでの商品開発などを要求される時代を生き延びることができるのです。

お互いの仕事をフォローしあえるためには、お互いが一人一人の仕事内容を見える化・共有化し、お互いの領域を勉強しあって、いつでも代われるようにしておく必要があります。

秋田のカミテという金型の会社では、経理担当者もベルトコンベアーのラインにいつでも入れるという多能工化を進めています。これによって、30人の小さな会社ですが、ミスなくクオリティの高い製品が評判となり、採用や受注にプラスになっています。

生き方が充実すれば、働きやすい職場が作れる

仕事以外の時間を充実させることは、情報のインプット以外の効能もあります。たとえば、先ほどのイクメンの例ですが、男性が育児参加すると段取り力、問題解決力、コミュニケーション力、時間管理力などが高まります。なぜなら、子育てを実際にすることで、働くママがどれくらい必死で仕事の段取りをして定時に帰っているのか、**デイリーでデッドラインが決まっている世界**がどんなにシビア

かを実感し、自分も保育園の迎えに行くために、定時で仕事を切り上げるための努力を必死でするようになるからです。

少子高齢化の波は、日本企業が乗り越えなくてはならない試練です。毎年大量の新卒社員を採る時代はすでに終わっています。家に妻がいて、家事や育児はすべてお任せ、という時代も終わりました。少ない人数で、制約のある社員にも力を十分に発揮してもらいながらでなければ、個人も組織も持続的に成果を出し続けることはできません。

そのためには柔軟で、多様な働き方を認め、たとえば、今まで5人でやっていた仕事を3人でもストレスなくこなせるような、突然の欠員にも左右されないような職場のインフラを築くしかないのです。

個人の人生の充実と、持続可能で強い組織づくりは相反するものではなく、同時に実現できるものなのです。

第4章

対談

働き方改革は現場から

小室淑恵×曽山哲人

サイバーエージェント人事本部長

創業以来、人事制度改革や社内活性化に取り組むサイバーエージェント。Great Place to Work (R) Institute Japan（GPTWJ）の選ぶ「日本の『働きがいのある会社』リスト」につねにランクインするなど従業員からの信頼も厚い。多様な人材を活かす働き方の考え方、チームづくりを同社の人事本部長を務める曽山哲人氏に聞きました。

仕事は「渡すか」か「捨てる」かしないと減らない

小室　今、職場で「人が足りない、足りない」という話を聞きます。「人が辞めても新しい人を雇わないので、現場が悲鳴を上げている」と。でも、この前、コンサルティング先のリーダーの方と話して、なぜそう感じるのかがわかりました。

その方は「忙しいから、人を増やしてほしい」と訴えているので、私が、どのくらい業務が詰まっているのかを説明していただいたのです。すると、そのリーダーの下には4人のメンバーがいて、うち2人は100時間超えの残業です。自分も含めてもう限界だと言うんです。

私は「あと2人のメンバーさんに業務を振り分けるとか、契約社員の方に分担してもらうことはできないのですか？」とたずねました。すると、リーダーの方はいろいろな理由をつけて「私にしかできない仕事なんです」とくり返すばかりです。

でも、矛盾していますよね？　人に仕事を振れない理由をいくつも挙げておいて、人がほしいと訴える。そういう人は、人を増やしても仕事を渡さないのだから、リーダーさんの残業時間は減りません。増員した人の分のコストがかかるだけで、そんな非効率なことを会社は永遠に認めないですよ。

「あなたが仕事を渡せる人になるのが先です」と、理解してもらうのに1時間かかりました。その方は優秀なのに、このロジックが通じないので驚きましたね。

曽山　ああ、わかります。捨てられないんですよね、仕事を。でも、仕事を渡すように言われた側は、かならず「仕事を他の人に振ったらもっと時間がかかる、自分がやったほうが速い」と言ってくるんですよ。でも仕事の内容をよく聞いてみると、表計算の単純集計だったりするわけで。

こうなったら上司から「その仕事は捨てろ」と指示するしかありません。とりあえず、2週間捨て続けさせる。それが本当に必要な仕事なら、別の人が拾います。

サイバーエージェントでは3カ月に1回「棚おろし会議」という、業務改善の会議を開いて、分担のバランスをならす習慣づけをしています。小室さんの「朝メール・夜メール」と同じように、情報を共有すること、仕事を他人に渡すことを習慣化することが重要だと思います。

それから、サイバーエージェントでは業務の平準化を「見える化」するために、部署ごとに1人当たりの勤務時間を集計してグラフにしています。退出時間の遅い人から並べていくと、ちょうど左を向いている「恐竜の背骨」のような曲線を描くことが多いので、私たちは「背骨グラフ」と呼んでいます。

小室　その背骨グラフの傾きがフラットになってない部門には、仕事に偏りがあったり、仕事を渡せない人がいたりするわけですね。

曽山　そうです。背骨が平らになるように、「仕事の棚おろし」をするのです。上司が会食などで夕方以降、職場を離れていて部下の帰宅時間を知らない職場では、背骨の傾きをチェックすることで、現場の誰が「渡せない人」なのかすぐに

業務の平準化を見える化する
サイバーエージェントの「背骨グラフ」

チーム1

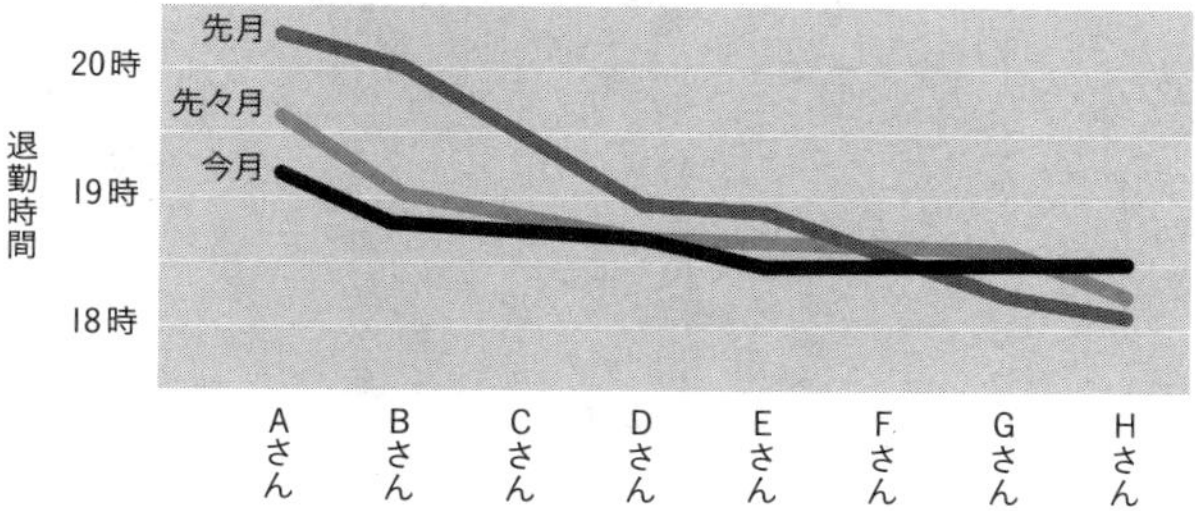

傾きがフラットになり、退勤時刻のばらつきが改善されている。「仕事の棚おろし」が効果を上げている。

チーム2

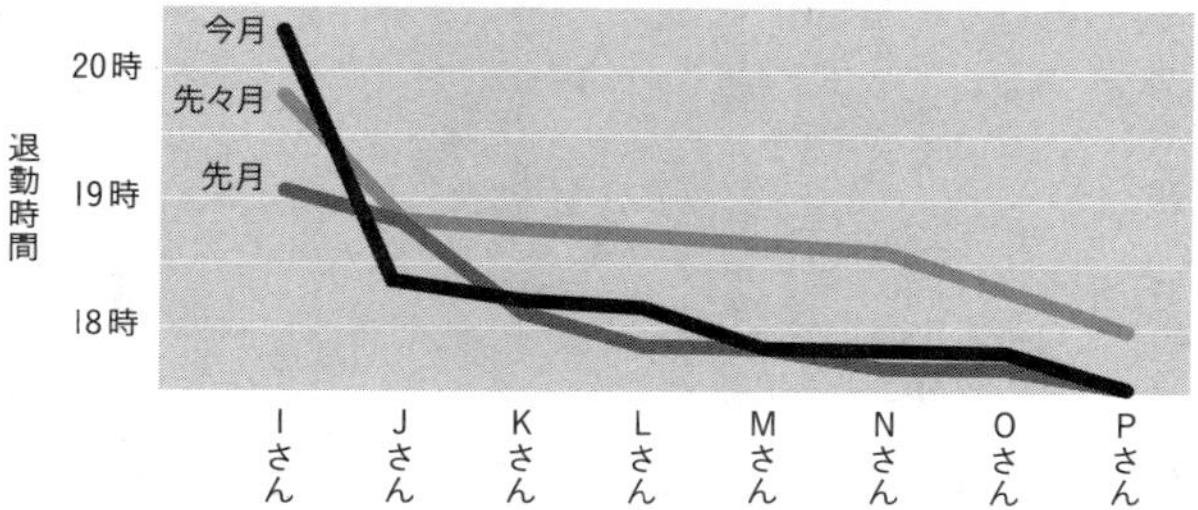

傾きは全体でほぼ変化なし。特定の1人の退勤時刻が遅くなり、負担が増加している。人事本部からのフォローが必要。

わかるので重宝がられています。

小室　上司が部下の勤務の実態を把握してないから、残業が減らないということもありますからね。

勤務時間の平準化を見えるようにする

小室　サイバーエージェントさんの場合は、みなさんが生産性を上げているので、勤務時間の長い人、イコール仕事を抱えすぎている人、と考えられますよね。でも、他の企業で、特に長時間の残業が習慣化してしまっているところでは、背骨グラフで高いところにいる、退勤時間の遅い人は「効率の悪い人」という可能性もあると思います。

曽山　それ、当社でも一緒ですよ。もちろん仕事がしたくて長時間かけて、より大きな成果を出す人もいることを前提に、短時間で成果を上げている人もいれば、同じ仕事で長時間かかる人もいます。まちまちです。

小室　そういうときはどうするのですか？　仕事の効率が悪くて勤務時間が長い

人にも、「仕事の棚おろし」をしてもらうと……。

曽山　いや、これは別の角度から見ています。平均帰宅時間を見ると、いつも残業している「常連さん」がいるものです。彼らの仕事のやり方を上司に意識させるようにします。「人が足りないって言うけど、そもそも、この常連さんたちの仕事のどこに問題がありそうだろうか？」と、あえて突っ込むときもあります。

もしパソコンスキルの差で勤務時間に差がついていて、背骨グラフのバランスが悪くなっている場合には、スキルアップの研修費用を使えるようにするなどの対応をとります。

小室　なるほど。個人の仕事の仕方や効率を無視して「とにかく残業が多いから人を採りたい」という主張は通じないよ、と。これは説明しやすいですね。

曽山　ええ。もし背骨の傾きがフラット、つまり業務が平準化されたうえで、なおかつ受注が増えた場合には、たしかに人が足りない、という判断ができます。

仕事を効率的に割り振りできるチームは「増員ＯＫ」にするんですね。

会社全体として帰宅時間を早くする努力はもちろんしなければいけませんが、チーム内で業務平準化をしているかもチェックすべきです。人員を増やす・増やさないの判断を、定量化した切り口から検討できるようにするのは、大事だと思います。

小室　そのとおりだと思います。今まで業務の効率を無視して、安易に人を採用してきた企業は、人を増やしても業績は上がらないし、コストは上がっていくばかりです。

だから「もう懲りた。どの部署も一律に人は増やさない」という方針をとりがちです。部下に権限委譲をせず、仕事の効率の悪い人が長時間勤務になるのを見逃してきたことのツケが、今いる人の力を活かせない風土を作ってしまっているのです。

少ない人数でもアイデアを引き出すコツ

小室　曽山さんの『サイバーエージェント流 自己成長する意思表明の仕方』を読ませていただいて、共感する部分がとても多くてうれしくなりました。仕事に優先順位をつけたり、上司とすり合わせたりするコミュニケーションが大事だとおっしゃっていますよね。

曽山　サイバーエージェントでは、設定された成果に対して「自分としてはこういう風にやっていきたい」とか「こんな思いでやっている」とか、意思表明する風土が強くなってきました。自分の考えを伝えたら、もしかしたらダメ出しがくるかもしれないけれど、承認される機会も多くなるから成長できる。小室さんがこの本でも例に出しておられるような、「私がんばってるオーラ」を出すだけの人とは、成長のスピードは全然違いますね。

小室　具体的に言うと、意思表明とは、どのようなことなのでしょうか？

曽山　まず「報告・連絡・相談」の「ホウレンソウ」です。特に報告は「2割報告」という言葉が本社で使われており、仕事が2割進んだ時点でいったん報告をさせています。完成前に上司が仕事を見ることで、上司が「ここに力をかけずに、こっちをもっとやって」と、軌道修正が早めにかけられるからです。

小室　早期発見みたいな感じですね。

曽山　そうです。早めに意思表明すれば軌道修正につながるし、早く結果を出せます。

小室　意思表明が苦手な人が入社してきたときに、どのようにトレーニングしていくのですか？

曽山　基本的には日本人は、意思表明は下手だと思うのです。私もそうでした。小学校から大学まで、授業中に手を挙げなくても乗り切れる、みたいな部分がありますよね。サイバーエージェントの新入社員も、ベンチャー志望だからといって、とりたてて必ず手を挙げるというわけでもないんです。なので、うちでは意思表明したことをまず「ほめる」機会を増やしています。

たとえば、「ジギョつく」という新規事業プランコンテストが半年に一度あるのですが、社員の約4分の1が毎回応募してきます。プラン数にすると250件くらい出てきて、このところすごく増えているんですよ。

小室　すごい。1年で500件のアイデア。のべ2人に1人は企画を出していることになりますね。

曽山　でも、始めたときは1回10件しか応募がなくて……。どうしようと考えたときに「応募したことが得になるしくみ」にしようとやり方を変えました。選考に落ちた人たちを呼んで「フィードバック会」を開くようにしたんです。まず応募したことをほめる。次に、なぜ落ちたのか、次はどうすればいいのかを教えていくと、落ちても「出したかいがあった」と、アンケートで満足感が高くなることがわかりました。

小室 ビジネスモデルコンテストというと、役員が偉そうに「君たち、まだ甘い」とダメ出しする会社って多いと思います。

曽山 「うちの従業員、まったくアイデアがなくてね」とか言ってしまう。従業員を育てるのは役員の仕事なのに……。

小室 役員が自分に「育てる能力がない」と、言っているのと同じですよね。それに最初からアイデアを却下されたら、社員は二度と出さないぞ、という気持ちになってしまう。でも、まず「ほめ」があったら「次はもっとブラッシュアップして、出すぞ！」と積極性が育ちますね。

曽山さんのお話は、私が「もったいない理論」と呼んでいるのと近いかもしれません。私は、相手が何かにチャレンジしてくれたときに、まず8割「ほめて」そのあと2割だけ「ここはもったいないね」とアドバイスします。

社員は「あれ？　今、すごくほめられたと思ったけれど、つまり、ここは足りなかったのか」と気づくんです。最初にほめられたイメージを持たせると、足りないところを言われているときにも、結構、素直に聞いてくれるんです。

ナナメの関係が意思表明できる職場を作る

小室　曽山さんはマネジャー、課長、部長とポジションが上がるほど、意思表明が大事だともおっしゃっていますね。

曽山　中間管理職こそ意思表明をしないと「偽善的責任感のワナ」にはまってしまい、成果を出せないんですよ。

小室　偽善的責任感のワナ？

曽山　私が勝手にそう名付けているんですけれど。たとえば「自分の役職は、別の人では代わりがきかない。組織に貢献するためには自分のことは置いておいて、今の仕事をやり切らねば。上司には黙っておいて、自分が実務をこなしてしまおう」と考えるのが、中間管理職の人に多い「偽善的責任感のワナ」です。使命感が強すぎて仕事を他人に渡せないのです。

部長からすれば、期待していることと別の仕事を課長がやっていて、業務がうまくまわっていないことがあります。

小室　以前コンサルティングをさせていただいたある企業でもそうでした。「朝メール・夜メール」を導入しようとしたところ、そこのチームリーダーは「なぜこんな業務の負荷が増えるようなことをやらされるのか？　メンバーたちは別に全然残業で困っていませんよ」と私たちに必死に抵抗して、自分のところでコンサルを食い止めようとするのです。その後も部下を帰そうとしないし、部下たちもそのリーダーの前では「残業をしてもかまわない」と言うのです。

ところが、そのリーダーのさらに上司が、コンサルティングに同席して初めて、チームリーダーが残業を減らすことに抵抗していることに気づいたのです。上司は、

「残業を減らすためのチームリーダーとしてあなたに入ってもらったのになぜコンサルタントが提案する朝メールをチームに広げていかないの？　本当にメンバーのみんなは残業を減らしたくないの？」と指摘しました。そして、その上司自らが指揮をとって、残業削減に取り組んだところ、とたんに残業が減り始めたの

です。

あとで聞くと、部下たちからは「じつは残業が多くて、すごく疲れていたんですが、残業を減らすより、成果を上げるほうが先だというチームリーダーの前では本音が言えないし、言ってもリーダーがその意見をせき止めてしまっていました」と本音が出てくるようになりました。

曽山　中間管理職の責任感が強すぎて、組織の成果を出すという本質を見失ってしまうんですよね。

小室　ええ。こういうチームリーダーは、部下に子育て中の人がいて、本音では「早く帰りたい」と思っていても、無視して「彼女は最後まで仕事をやり遂げたいと言っていますよ」と宣言したりするからとてもわかりにくいのです。

曽山　サイバーエージェントの場合、業務で詰まっているところを解消するために、「メンター」が活躍しています。メンターとは他部署の先輩にあたる「ナナメ上」の人を指します。

小室　決まった人が誰かのメンターになるのですか？

曽山　いいえ、誰が誰のメンターというのは決まっていません。メンターが自然にできるしかけを作るんです。「部活動支援」もそのひとつです。野球部やサッカー部、サーフィン部など、いろいろな部活が組織されていて、会社も活動費を補助します。

狙いは社内のコミュニケーションを活性化させて、部署を超えたナナメの人間関係を作ることなのです。

部下と同じ部活に所属している、自分の同期が「お前のところのあのリーダー、ちょっと悩んでいるみたいだよ」と、さりげなく言ってくれると、「あれ、もしかして自分の仕事の振り方がおかしかったかな」とか「チームのメンバーに、課題が正しく伝わっていないかも」とか、フォローがしやすくなります。

小室　自分の部署以外の視点でアドバイスされると、見えないことに気づきますし、客観的に判断できるのですね。そのためにも、あらゆる社員が、意思表明を習慣づけることは基本的なスキルと言えそうですね。

曽山　ええ。でも、メンバーが積極的に意思表明できる会社というのは、上が意識して作っていく気持ちがないと。自然にできるものではないと思います。個人も職場もすぐ思考停止してしまいますから。

私が入社した創業1年目、社員数20人のころは、今のような制度はほとんどありませんでした。人の入れ替わりも相当あったし、私自身「ジギョつく」にも応募したことはなかったんです。「忙しくてそれどころじゃない!」と、思っていました。

小室　その時代から、全部経験されているからこそ、改革のポイントが見えたのですね。

うちではITのスキルやマネジメント能力など、個人の持っているスキルとレベルを一覧にした「スキルマップ」をよく活用して社員と面談をしています。

これは実例なんですけれど、ある社員と面談していたときのことです。スキルマップを挟んで「そろそろステップアップして営業だけでなく、コンサルティングもできるように成長して次のステージに進んだら?」と私の思いを伝えると、本人は「いえ、そうしたら営業の小さな案件を拾う人がいなくなりますから、私はコンサルのステップには進みません」と言うんですね。

曽山　ああ、それは「偽善的責任感のワナ」にはまっていますね。「いえ、私はこれからも営業でがんばります」という気持ちが強いばかりに、営業の仕事を他の人に渡せなくなり、次のステップに進めなくなっていたのではないでしょうか？

小室　そうなんです。だから「私はあなたに、こういうタイプのコンサルティングができるようになると思っている。だから営業を渡せる相手を育てなくてはだめだよ。そのうえで営業は後輩に渡して、あなたは次のステップに進んで」と言ったんです。

そして、本人の伸ばすべき課題点を話し合い、私の期待を全力で語りました。そうしたら、わずか3カ月で、立派にコンサルティングができるように成長できたのです。それまで持っていた営業の仕事も渡し切ることができ、今では企業のメインコンサルタントを担当できるまでになりました。

曽山　すばらしいですね。ポイントはやはり意思表明ですよね。その社員の方も、面談で「いや、私はこのままの営業でいいと思っている」と言えたから、「そうじゃない」と小室さんも気づいたし、その人に対する期待を語れた。こんな風に意思表明できる人が育っていくと、じつは管理職自身もすごく楽になると思います。

定着率を高めれば業績は上がる

小室　今、多くの企業で団塊世代が毎年ごっそり退職していって、その分の仕事が中堅層にのしかかっています。大企業になると、毎年3000人くらいの退職者がいて、新規採用は100人くらい。単純計算で毎年2900人分の仕事が積み上がっていく構造です。

曽山　想像できない厳しさですよね。

小室　だから中堅社員としては、もうわけのわからないまま、毎日、仕事をしているといった感じだと思うのです。必死で仕事を渡そうとして、数少ない新人に一生懸命に教える。でも、仕事を渡し切る3年目あたりで、多くの新人が辞めてしまうので、教えた仕事が全部戻ってきてしまうのです。

そこに毎年、退職者の分だけ上からも仕事がくる。もう仕事も気持ちもぎゅうぎゅうの圧力で、メンタル疾患を抱える人が続出し休職してしまう。そしてまた残った人に仕事が増える……。

メンタル対策費で億単位のコストをかけている企業も増えています。この負のスパイラルを止めるには、どうにかして、人を定着させるしかないんです。サイバーエージェントさんでは、いろいろな制度ができて、離職率は下がったそうですね。

曽山　以前は30%ありましたが、今は6%ぐらいまでに下がりました。

小室　すごいですね。ノウハウの定着度合いも違いますか?

曽山　ええ。人が残るとノウハウも積み上がって、明らかに業績は上がりますよ。だから、離職させないことが業績を上げるひとつのポイントになることは、身をもって感じています。

小室　離職率の高い会社は、結局、優秀な新人の獲得にまで手がまわらなくなってしまいます。だから一度、今いる人材を定着させることに目を向けて、踏みとどまって歯車を押し戻さないといけないのですね。定着に力を入れた企業と、しなかった企業とでは、どんどん二極化が進む気がします。

曽山　おそらくそうなるでしょう。人材の定着が悪いところの上司は、辞めないよう説得するための面談に、上司自らが奔走するようになってしまいます。こういう会社は本当に落ち着かないのです。

サイバーエージェントもじつはそういう時期がありました。ネガティブな面談は根本的な解決にはならないし、人事だってつらいですよ。採用しては辞め、採用しては辞めが続くわけですから。

小室　結局、その向きになってしまうと、すべてが流出していきますよね。人も業務のノウハウも。「やりがいのない会社」という噂ばかりどんどん大きくなっていく。

曽山　そうですね。これからは勤務時間を平準化したり、仕事や情報を共有化したりしていく環境整備は、企業が存続していくための、かなり重要なファクターになると思います。

社内のコミュニケーションを活性化させておくとか、人事が面談機会を多くして権限委譲を促したり、メンターを生かして気持ちの「ガス抜き」をしたりすることもトータルで大事ではないでしょうか。

小室　日本社会が人口構造上、圧倒的に労働力人口が足りなくなる。そのなかで人が定着しない企業は業績も上がらないという「負のスパイラル」に入りやすいという事実を、私たちは気づくべきだと思うのです。団塊の世代が辞めたら、労働力人口が足りなくなると叫ぶばかりでは遅い。それ以前に、団塊世代が抜けた分の仕事を、誰が担うか、どうやって分担していくかを真剣に考えて、手を打たないと。

すべての圧力が中間層にかかっている構造を解消していけば、自然と人は定着しますし、業績も上がります。アイデアも活発に出てくるようになるのです。ですから今が改革のチャンスだと感じて、ぜひ「正のスパイラル」に回り出す会社が増えることを期待したいですね。

曽山哲人(そやま・てつひと)
上智大学文学部卒業後、伊勢丹を経て1999年、サイバーエージェントに入社。インターネット広告事業本部統括を経て、2005年に同社人事本部長就任。業界を超えて注目される人事制度、社内制度を導入し、同社の活性化に努める。著書に『サイバーエージェント流 自己成長する意思表明の仕方』(プレジデント社)などがある。公式ブログ「デキタン(できるヤツ探求アメブロ) http://ameblo.jp/dekitan/

文庫版あとがき

４年前にこの本を出版した当時に比べて、特に２０１４年から15年にかけて、大きく日本社会は動いているという実感があります。私自身も、厚生労働省と内閣府の委員を務めていましたが、ワーク・ライフバランスは経営戦略だという認識が広がり、経済産業省の委員も務めることになり、14年の９月からは安倍晋三内閣の産業競争力会議民間議員になりました。政府が働き方の見直しと女性の活躍支援について本気で動き始め、それが社会に広がっているということを強く感じます。

２０１５年には、日本経済新聞で元日から「働き方ＮＥＸＴ」という連載が始まりました。経済界の重鎮が必ず読むメディアが、元日から始める連載で働き方改革をテーマとしていることを感慨深く感じました。日経の幹部の方も「数年前までは考えられませんでしたが、もう女性の力を活かさないともたないところまで、メディアも追い込まれてきていますよ。そうなると働き方の変革は必須です」とおっしゃっていて、大変驚きました。

もちろん、企業の経営者の変化も感じます。ある有名企業のトップは以前、私との対談の中で「小室さん。うちでは、順調にいけばあと10年ぐらいで初の女性役員になりそうな女性がいますよ！」とおっしゃいました。

「10年後！　なるほど。年齢や経験を考えると、あとそれくらいかかるのですね。ではそれまでの間どうするのですか？」と私が聞くと「10年かけてしっかり育成していきます」とのことでした。

私は「たしかに、今、役員候補として名前のあがっている方をしっかり育てていくことは非常に大事ですね。でも、その間に同業他社が女性役員を誕生させたら、10年間ずっと優秀な女子学生は同業他社を選んで入っていきますね。10年間でかなり人材力の差をつけられてしまうのではないですか？」と申し上げました。

その方ははっとした表情になりました。後日、女性の社外取締役を入れる決断をされ、現在既に2名の女性役員を登用しています。また、年齢にもこだわりすぎずに、社内の女性も役員や管理職に登用していこう、と決断したのです。

数年前までは「女性活躍は本当に必要か?」という議論から始めなければならなかったのですが、そのレベルでの議論はいらなくなったという意味で、企業も大きな変化を遂げているように感じます。

そして、もう一つ。政府の地方創生本部から「まち・ひと・しごと創生総合戦略」が示されました（http://www.kantei.go.jp/jp/singi/sousei/pdf/20141227siryou5.pdf）。

その44ページに「仕事と生活の調和（ワーク・ライフ・バランス）の実現（「働き方改革」）」と題して、２０２０年までに以下のような4つのＫＰＩ（重要業績評価指標）が設定されたのです。

■第１子出産前後の女性の継続就業率を55％に向上（２０１０年38％）
■男性の育児休業取得率を13％に向上（２０１３年２・03％）
■週労働時間60時間以上の雇用者の割合を5％へ低減（２０１３年８・８％）
■年次有給休暇取得率を70％に向上（２０１３年48・８％）

各都道府県、市町村は、これらのＫＰＩに対して、具体的に何を行うのかの施策計画を提出しなければ、中央からの交付金が受け取れないという本気度の高い仕組みです。「地方創生本部」のスピード感に圧倒されました。

２０１５年は「企業と社員のパワーバランス逆転元年」になり、労働力不足で追い込まれる企業が増えるのではないかと私は思っています。今までのような経営手法「おまえの代わりなんかいくらでもいるんだぞ戦略」はもう通用しなくなりました。

労働力人口の減少はますます深刻化し、２０１７年には団塊世代が一斉に70代に突入しますから、親の介護で短時間勤務になる男性などもさらに急増すると言われています。労働者の「数」だけでなく、「時間」も減るのです。たった2年後のことです。そうなれば、働き手に選ばれない企業は生き残れないという状態になるのです。

建設業では実はもうそれが起きています。復興とオリンピック需要で仕事は増えているのに、団塊世代が定年退職してしまったことで、仕事をこなせる人がいない。つまり労働者に来てもらえるかどうかで、取れる仕事の量が決まってしまい、業績に直結するような事態が生じてきているのです。

日本が置かれている状況はかなり厳しいものです。しかし、ここで企業と社員が一丸となって、新しい働き方にシフトしていくことで、3人で5人分の成果を発揮し、まだまだ再浮上できると思っています。そしてこの本が、そうした新しい働き方の参考になれば幸いです。

2015年1月

小室 淑恵

本書は「プレジデントロイター」２００９年5月から２０１０年11月までの連載をもとにした単行本『欠員補充ゼロ」時代の職場術　「３人で５人分」の仕事を無理なくまわす！』を加筆・修正のうえ文庫化しました。

nbb
日経ビジネス人文庫

「3人《にん》で5人分《にんぶん》」の
成果《せいか》を上《あ》げる仕事術《しごとじゅつ》

2015年3月2日　第1刷発行

著者
小室淑恵
こむろ・よしえ

発行者
斎藤修一
発行所
日本経済新聞出版社
東京都千代田区大手町1-3-7　〒100-8066
電話(03)3270-0251(代)　http://www.nikkeibook.com/
ブックデザイン
鈴木成一デザイン室
印刷・製本
凸版印刷

本書の無断複写複製(コピー)は、特定の場合を除き、
著作者・出版社の権利侵害になります。
定価はカバーに表示してあります。落丁本・乱丁本はお取り替えいたします。
©Yoshie Komuro, 2015
Printed in Japan　ISBN978-4-532-19756-8

nbb 好評既刊

池上彰のやさしい経済学 1 しくみがわかる
池上 彰
テレビ東京報道局＝編
お金はなぜ「お金」なの？ 経済を動かす見えざる手って？ 講義形式のやさしい解説で、知識ゼロから経済のしくみ・世界情勢が丸わかり！

池上彰のやさしい経済学 2 ニュースがわかる
池上 彰
テレビ東京報道局＝編
バブルって何だったの？ 円高と産業空洞化って？ 年金は、消費税はどうなる？ 経済ニュースが驚くほどよくわかる！ 待望の第二弾。

伊藤塾式 人生を変える勉強法
伊藤 真
＋伊藤塾＝編著
勉強を楽しみ、自身を成長させる「伊藤塾式勉強法」とは？ 司法試験などで多数の合格者を輩出するカリスマ塾長が、その極意を説く。

最強チームのつくり方
内田和俊
責任転嫁する「依存者」、自信過剰な「自称勝者」――未熟な部下の意識を変え、常勝組織を作る実践法をプロのビジネスコーチが語る。

つらい仕事が楽しくなる心のスイッチ
榎本博明
ポジティブ思考を作る、自身の強みを活かす、人の気持ちを引き出す……。円滑なビジネスに役立つ心理学のノウハウを人気心理学者が説く。

nbb 好評既刊

セブン-イレブンだけがなぜ勝ち続けるのか？

緒方知行
田口香世

セブン銀行やセブンカフェなどの新しいサービスで、流通業界一位を独走するセブンイレブン。40年間取材し続けた著者が勝者の理由を探る。

28歳の仕事術

小川孔輔＝監修
栗野俊太郎・栗原啓悟・並木将央

仕事のやり方に悩む人に向けた等身大ビジネス・ストーリー。物語を楽しみながら、ビジネススキル、フレームワークなどがわかる！

問題解決力がみるみる身につく実践　なぜなぜ分析

小倉仁志

「なぜ？」に的確に答えられれば問題の本質がわかる！　誰でもできる究極の問題解決手法「なぜなぜ分析」を実践的にわかりやすく解説します。

トップ・プロデューサーの仕事術

梶山寿子

佐藤可士和、亀山千広、李鳳宇――。日本を代表する旬のプロデューサー9人に徹底取材し、企画力・統率力の秘密を明らかにする。

気持ちよく働ける22歳からの仕事術

金児　昭

できる人のマネをしない！　ない知恵は絞らない！　自分を大事にする人こそ、人生を楽しめる――賢い勤め人人生を送るコツを伝授。

nbb 好評既刊

不透明な時代を見抜く
「統計思考力」
神永正博
統計学を用いて世の中の様々な疑問を検証し、未来を予測する力を身に付けよう。統計学ブームを引き起こしたベストセラー、文庫で登場！

58の物語で学ぶ
リーダーの教科書
川村真二
どんな偉大なリーダーでも、みな失敗を重ねながら成長している――様々な実話を通してリーダーに必要なスキル、心のあり方を指南する。

ビジネスで失敗する人の
10の法則
ドナルド・R・キーオ
山岡洋一＝訳
もし当てはまれば、仕事は高確率で失敗だ――コカ・コーラの元社長が60年超の仕事経験から導き出す法則とは。著名経営者、絶賛の書。

リンゴが教えてくれたこと
木村秋則
私はリンゴが喜ぶようお世話するだけ――無農薬・無肥料という驚異の栽培法で「奇跡のリンゴ」を生み出した著者が独自の自然観を語る。

FBIアカデミーで教える
心理交渉術
ハーブ・コーエン
川勝 久＝訳
会話の主導権を握り、譲歩を引き出す。犯罪捜査から社内外交渉、日常の買い物まで、様々な場面で使える必勝術を交渉のプロが伝授。

nbb 好評既刊

社会人のためのやりなおし経済学

木暮太一

やさしい解説に定評のある著者が、むずかしい数式を一切使わずに経済学の理論を語る！　大学で習う経済学が一日でわかる驚きの解説書。

その話し方がクレームを生む

小林作都子

実体験にもとづく例をあげながら、無用なクレームを生まない、もし生まれても大きくしないための、言葉のテクニックを伝授します。

35歳からの勉強法

齋藤 孝

勉強は人生最大の娯楽だ！　音楽・美術・文学など興味ある分野から楽しく教養を学び、仕事も人生も豊かにしよう。齋藤流・学問のススメ。

佐藤可士和の超整理術

佐藤可士和

各界から注目され続けるクリエイターが、アイデアの源を公開。現状を打開して、答えを見つけるための整理法、教えます！

渋沢栄一 愛と勇気と資本主義

渋澤 健

渋沢家5代目がビジネス経験と家訓から考える、理想の資本主義とは。『渋沢栄一とヘッジファンドにリスクマネジメントを学ぶ』を改訂文庫化。

好評既刊

フランス女性の働き方
ミレイユ・ジュリアーノ
羽田詩津子＝訳
シンプルでハッピーな人生を満喫するフランス女性。その働き方の知恵と秘訣とは。『フランス女性は太らない』の続編が文庫で登場！

できる営業の頭の中
髙城幸司
リクルートで6年連続トップ営業マンだった著者が、豊富な営業経験から得た「売るノウハウ」を大公開。即実践できる手法が満載の一冊。

「見えない問題」解決法
滝谷敬一郎
業務改革から経営計画まで、やれば必ず目標達成できる実践ツール！ 目標仮説から問題を見える化し、4つのプロセスで実現する。

ひらめきの法則
高橋 誠
アルキメデス、ザッカーバーグ――天才達は、いつ、どんな環境で大発見に辿りついたのか。ユニークなエピソードから学ぶ「ひらめきの法則」。

ユニクロ 世界一をつかむ経営
月泉 博
「デフレの勝ち組」から「脱デフレの勝ち組」へ――。カジュアルウエア世界一を目指すユニクロに死角はないか。最新状況を加筆・文庫化。

nbb 好評既刊

ギスギスした職場はなぜ変わらないのか

手塚利男

結果を出す職場のチームづくりの秘訣を「7つのフレームワーク」と「32のすごい仕掛け」で具体的に解説。社内の人間関係が変わる！

日経スペシャル ガイアの夜明け 復興への道

テレビ東京報道局＝編

想像を絶する大惨事となった東日本大震災。多くの人たちの生活をいかに取り戻し、守るか。復興に挑む人たちと現場の闘いを追う。

先輩・上司には聞けない新ビジネス常識

戸田 覚

茶髪はどこまでOK？ 上司をなんて呼ぶ？——マナー、言葉遣い、社会常識まで、やさしく解説。現代版ビジネスマナーの決定版。

説得術

内藤誼人

ビジネスの交渉で、成功率をはね上げる一言とは？——。豊富なデータを元に、他人の心理を読み、相手を説得する方法を解説する。

妹たちへ

日経WOMAN＝編

「20代はみっともなくていい」「年齢神話に惑わされるな」——唯川恵、小宮悦子、阿川佐和子ら27名が「妹」たちへ贈るメッセージ。

nbb 好評既刊

妹たちへ2
日経WOMAN＝編
「後悔ばかりの30代も面白い」「辛い時こそ飛躍のチャンス」——香山リカ、小谷真生子、勝間和代ら16人の先輩から妹たちへ。待望の第2弾。

日経ヴェリタス
大江麻理子のモヤモヤとーく2
日経ヴェリタス＝編
「欧州危機はどうなるの?」——大江アナが、時事問題のモヤモヤを記者にぶつけスッキリ解決! Pod Castの人気番組、文庫化第2弾。

3分で使えるフェイスブック
日経トレンディ＝編
フェイスブックの利用法、マナー、プライバシー設定などをわかりやすく解説。初心者はもちろん、もっと活用したい人も必読の入門書です。

仕事力をアップする身だしなみ 40のルール
日野江都子
ビジネスの成否は第一印象で決まる! 第一線で活躍する国際イメージコンサルタントが、ビジネス人のイメージ戦略の基礎を実践的に解説。

「権力」を握る人の法則
ジェフリー・フェファー
村井章子＝訳
何をすれば出世できるのか。コネと人脈作り、話術、評価のあげ方など、権力を得る術を著名教授が説く。ビジネスマン必読のベストセラー。

nbb 好評既刊

あの部下が動き出す聞き方・話し方

福田 健

部下を育てるのは、上司の役割。部下といかに接し、やる気にさせるか？「話し方研究」の第一人者がコミュニケーションの秘訣をやさしく解説。

藤田晋の仕事学

藤田 晋

劣等感とは思い込みにすぎない、ベテランこそアイデアを出せ――。24歳で起業し、ネット業界の第一線を走るカリスマの実践的仕事論。

日常の疑問を経済学で考える

ロバート・H・フランク
月沢李歌子＝訳

初婚年齢が上がっているのはナゼ？　2年目のジンクスはなぜ起こる？　経済学のアレコレを身近な例で簡潔に解説する、経済学入門講座。

経営革命大全 新装版

ジョセフ・H・ボイエット
ジミー・T・ボイエット
金井壽宏・大川修二＝訳

ドラッカーをはじめ79人の「経営学の権威」の考えを一冊に凝縮！　膨大な著作からエッセンスを抽出した最強のブックガイドが遂に復刊。

トリガー・フレーズ

本田直之

レバレッジシリーズなど累計200万部突破の著作17点から、一瞬にして行動を起こせるきっかけ（トリガー）となるフレーズを厳選収録！

nbb 好評既刊

ビジネス・シンク

デイヴ・マーカム
スティーヴ・スミス
マハン・カルサー

世界的ベストセラー『7つの習慣』の著者が率いるフランクリン・コヴィー社のトレーニング・プログラムが文庫になって登場。

ユナイテッドアローズ 心に響くサービス

丸木伊参

我々が目指すのは優良企業ではない、不滅の商店である――神話となったサービス事例や店員の行動原則を示した理念ブックを紹介。

御立尚資の「戦略眼」

御立尚資

日常の様々な出来事にはビジネスのヒントが満載。企業経営に不可欠な、「多角的にものを見る力」が鍛えられる知的エンタテインメント。

なぜ、伊右衛門は売れたのか。

峰 如之介

失敗の連続から1000億円ブランドへ！ 若い開発者たちを決定的に変えた考え方とは？ 緑茶飲料「伊右衛門」誕生の舞台裏に密着。

仕事がもっとうまくいく！ ものの言い方300

むらかみかずこ

ビジネスで困ったときに役立つフレーズを、シーン別に紹介。言いにくいことを伝えるための、とっておきの言い方、教えます！

nbb 好評既刊

カンブリア宮殿 村上龍×経済人3 そして「消費者」だけが残った

村上 龍
テレビ東京報道局＝編

柳井正、カルロス・ゴーン、三木谷浩史——経営改革を進める経済人たち。消費不況の中、圧倒的成功を誇る23人に村上龍が迫る。

あきらめない

村木厚子

09年の郵便不正事件で逮捕、長期勾留された厚労省局長。極限状態の中、無罪を勝ち取るまで決して屈しなかった著者がその心の内を語る。

コギャルだった私が、カリスマ新幹線販売員になれた理由

茂木久美子

なぜ彼女は通常の5倍という驚異的な売上を達成できたのか？　各メディアで話題、伝説の山形新幹線車内販売員が説く「接客のこころ」。

ビジネス敬語力ドリル555

守 誠＝監修
造事務所＝編著

あなたの言葉遣いは大丈夫？　社会人の第一歩は正しい敬語から。ドリル形式でシーン別に楽しく学べる、新入社員、就活生必携の参考書。

東大柳川ゼミで経済と人生を学ぶ

柳川範之

転職を考える時に有効な戦略とは？　買い物で迷ったらどう考えるべき？　東大名物教授がやさしく教える、人生を豊かにする経済学的思考。

nbb 好評既刊

残念な人の思考法 山崎将志

頭は悪くない、でも仕事ができない——日経プレミアのベストセラー・ビジネスエッセイ『残念な人の思考法』(34万部)、まさかの文庫化!

残念な人の働き方 山崎将志

なぜピントの外れた努力を重ねてしまうのか——成果はy=axで決まる。『残念な人の思考法』第二弾『仕事オンチな働き者』が文庫で登場。

異業種に学ぶビジネスモデル 山田英夫

儲けの仕組みは異業種に学べ! 様々な有名企業の事例が満載の人気書『なぜ、あの会社は儲かるのか? ビジネスモデル編』を文庫化。

吉越流 デッドライン経営塾 吉越浩一郎

残業ゼロや早朝会議などを取り入れ、19期連続増収増益に貢献したトリンプの元社長が、会社と社員を元気にする処方箋を紹介。

ニュースと円相場で学ぶ経済学 吉本佳生

景気、物価、貿易……これら毎日の経済ニュースによって円相場は動いている。マクロ経済学の知識が身につく人気の入門書を文庫化。